LES

PROPHÉTIES MODERNES

VENGÉES

OU DÉFENSE DE LA CONCORDANCE

DE TOUTES LES PROPHÉTIES

PAR

M. L'ABBÉ CHABAUTY

CHANOINE HONORAIRE, CURÉ DE SAINT-ANDRÉ A MIREBEAU-DE-POITOU.

Prophetias nolite spernere... Tempus enim prope est.

Gardez-vous de mépriser les prophéties.... car le temps est proche.

—

Prix : 1 franc.

—

POITIERS

HENRI OUDIN, LIBRAIRE-ÉDITEUR

PARIS

VICTOR PALMÉ, LIBRAIRE

RUE DE GRENELLE-S.-GERMAIN, 25

1874

LES

PROPHÉTIES MODERNES VENGÉE

LES

PROPHÉTIES MODERNES

VENGÉES

OU DÉFENSE DE LA CONCORDANCE

DE TOUTES LES PROPHÉTIES

PAR

M. L'ABBÉ CHABAUTY

CHANOINE HONORAIRE, CURÉ DE SAINT-ANDRÉ A MIREBEAU-DE-POITOU.

Prophetias nolite spernere.... Tempus enim
prope est.
Gardez-vous de mépriser les prophéties....
car le temps est proche.

Prix : 1 franc.

POITIERS
HENRI OUDIN, LIBRAIRE-ÉDITEUR
PARIS
VICTOR PALMÉ, LIBRAIRE
RUE DE GRENELLE-S.-GERMAIN, 25
1874

LETTRE Ire.

INTRODUCTION.

1er mai 1874.

Mon cher ami,

Je ne suis point étonné du trouble et de l'embarras que vous éprouvez en ce moment au sujet des prophéties modernes [1]. Quelle différence, me dites-vous, entre le langage d'aujourd'hui et celui qu'on tenait au lendemain de la Commune, en juillet 1871 ! Alors « les pro-« phéties n'étaient pas à dédaigner », « l'ensemble des

---

1. La prophétie est la prédiction de l'avenir. On appelle *Prophéties modernes* toutes les prédictions de date et d'origine diverses qui ont été publiées en ce siècle, soit sur les faits déjà passés de l'histoire contemporaine, soit sur les événements d'un prochain avenir. On nomme scripturales, sacrées, canoniques, les prophéties renfermées dans les saintes Ecritures, dans l'Ancien et le Nouveau Testament. Toutes les prophéties qui ne sont pas contenues dans la Bible s'appellent privées, particulières, extracanoniques. *Les prophéties modernes* ne sont que des prophéties privées.

1

prophéties modernes aboutissait à des probabilités effrayantes », etc... Aujourd'hui on répète de tous côtés et sur tous les tons : « Les prophéties n'ont aucune valeur ; « personne n'y croit plus : elles ne se sont pas accomplies ; « des voix pleines d'autorité s'élèvent contre elles : « décidément les prophéties sont en baisse... »

Vous me demandez ce que je pense de tout ceci et ce que j'y puis répondre.

Dans les lettres suivantes, vous trouverez, avec de nouveaux calculs, la justification complète, j'espère, et de nos travaux passés et présents, et des prophéties elles-mêmes.

LETTRE II.

SAINT PAUL, LES PRESCRIPTIONS DE L'ÉGLISE, ET LES PROPHÉTIES MODERNES.

Faut-il attribuer aux prophéties modernes, considérées en elles-mêmes, la cause de la défaveur qui les atteint? Nullement. On ne serait pas dans le vrai. La cause de cette défaveur vient uniquement de la faute de ceux qui, en les étudiant, ont suivi une voie fausse et dangereuse.

On peut distinguer en quatre catégories toutes les personnes qui, depuis ces dernières années surtout, se sont occupées de prophéties: les crédules, les fanatiques, les illuminés, les raisonnables.

Les crédules acceptent tout et croient tout sans examen. « Il y a des personnes faibles ou mal instruites « qui prennent pour un signe de zèle ou de piété cette « tendance à une foi téméraire : personnes sincères et « naïves, lesquelles s'imaginent que ce n'est pas suivre « les inspirations de la vraie piété que d'être prudem- « ment sur ses gardes, d'examiner de près et de con- « sulter ici le jugement d'une raison saine, mais pré- « tendent qu'il est bien plus conforme à la vraie religion

« d'incliner tout d'abord à croire sans examen et sans
« preuve [1]. »

Les fanatiques s'attachent à un prophète en particulier, à un seul écrit prophétique. Ils l'exaltent en tous
leurs livres et leurs discours. C'est le prophète par
excellence. Ils ne voient que lui ; ils n'en veulent point
d'autres ; les autres ne sont que ses copistes. Il a tout
prédit, tout annoncé : c'est le grand prophète. N'ayez pas
le malheur d'y toucher : vous êtes un criminel, un
sacrilége ! Les adeptes ne sont point d'accord entre eux.
Ils se disputent à qui comprendra le mieux l'incompréhensible voyant. L'un l'entend dans un sens, l'autre
d'une manière toute différente ; c'est la tour de Babel.
Ils s'injurient, ils se déchirent, ils se prennent aux cheveux ; mais ils s'empressent de s'unir dans un touchant
accord pour défendre leur commune idole.

Les illuminés prophétisent : Ils ont des visions et des
révélations que recueillent et colportent pieusement
et activement leurs dévots admirateurs.

A un degré inférieur d'illuminisme, on trouve les interprètes qui se disent annoncés des siècles à l'avance, et
qui évidemment sont de droit supérieurs aux autres et
infaillibles.

Les écrits et les discours de ces différents personnages
ont produit le plus beau *gâchis prophétique* qu'on puisse
imaginer. Et c'est merveille que de leurs faits et gestes
les prophéties modernes ne soient pas encore ensevelies
toutes sous le ridicule et le mépris universel.

1. Lettre sur les prophéties publiées dans ces derniers temps,
adressée par Mgr d'Orléans au Clergé et aux fidèles de son diocèse.
Monde, lundi et mardi 30 et 31 mars, et mercredi 1er avril 1874.

Enfin les gens raisonnables étudient les prophéties modernes d'après une méthode rationnelle et suivant les prescriptions de l'Église. Nous avons toujours voulu nous tenir dans cette compagnie, et il nous semble que notre opuscule sur ces mêmes prophéties le prouve avec évidence. C'est pourquoi il ne nous sera pas difficile de justifier et ce genre d'étude en général, et nos travaux en particulier.

Nous n'irons pas chercher loin nos preuves. Si vous remarquez que nous répétons en quelques points ce que nous avons déjà dit dans la *Concordance*, ne nous en faites point de reproches. Trop de lecteurs lisent superficiellement pour qu'il ne soit pas avantageux en bien des cas de se répéter.

Le texte célèbre de saint Paul suffira à notre démonstration. Méditons-le, s'il vous plaît, dans son ensemble d'abord, puis dans ses parties. Approfondissons la doctrine qu'il renferme, et notre cause sera gagnée.

PROPHETIAS NOLITE SPERNERE ; — OMNIA AUTEM PROBATE ;
QUOD BONUM EST TENETE.

GARDEZ-VOUS DE MÉPRISER LES PROPHÉTIES,
MAIS EXAMINEZ-LES TOUTES AVEC ATTENTION ;
CONSERVEZ SOIGNEUSEMENT CE QUI EST BON A RETENIR.

(Ire AUX THESSALONICIENS, C. V, V. 20.)

I.

De l'*ensemble* du texte découlent rigoureusement les conséquences suivantes :

1º Saint Paul en cet endroit n'a pu avoir en vue *que*

les prophéties privées, car il n'aurait point parlé en de tels termes ni des prophéties canoniques, ce qui est évident, ni des autres dons surnaturels qu'il appelle aussi *prophétie* en plusieurs passages de ses épîtres. Ce sont les dons d'interprétation des saintes Ecritures, de la science et de l'explication des mystères de la foi. Et ceci n'est pas moins certain, car le droit d'examiner et de juger ce qu'il y a de *bon à retenir* dans l'interprétation des saintes Ecritures, dans l'enseignement et l'explication des mystères de la Religion, ne peut appartenir et n'a jamais appartenu qu'à l'autorité ecclésiastique, et non pas aux simples fidèles, auxquels seuls saint Paul s'adresse en cette épître [1].

2° Il y a une très-grande différence entre les prophéties scripturales et les prophéties privées.

Nous savons que les premières font partie de la Révélation, dont elles constituent une des preuves. Il est de foi qu'elles sont la parole certaine du Saint-Esprit donnée aux hommes pour les intérêts les plus graves de l'humanité tout entière. La sagesse divine devait employer les moyens les plus efficaces pour qu'elles fussent reconnues sans hésitation possible et protégées contre toute altération. Aussi c'est à une autorité infaillible et incorruptible dans sa sphère, à la Synagogue d'abord et à l'Église catholique ensuite, que Dieu a confié la charge de discerner les prophéties sacrées, de

---

1. Le verset 12 de ce ch. v de l'Ep. aux Thess. le prouve surabondamment : « *Rogamus autem vos, fratres, ut noveritis eos qui laborant inter vos et præsunt vobis in Domino* et monent vos. Or, nous vous prions, mes frères, d'être reconnaissants envers ceux qui *travaillent parmi vous et vous gouvernent dans le Seigneur* et vous avertissent. »

les conserver et de les interpréter sans crainte d'erreur. Dans chacune de ces prophéties et dans chaque partie de leur texte, nous n'avons rien à contredire, rien à retrancher ; tout *est bon à retenir*, tout doit être étudié avec le plus grand respect, et selon les règles et les enseignements de l'autorité préposée à leur garde.

Toutes autres sont les prophéties privées.

Quoiqu'elles puissent être la vraie parole de Dieu, on ne doit ni les traiter ni les étudier de la même manière. Saint Paul, en nous défendant de les mépriser, nous a donné vis-à-vis d'elles *le droit* et nous impose l'*obligation du libre examen*. Elles sont une grâce de surérogation que Dieu accorde pour l'utilité des fidèles en particulier [1], pour les avertir, les consoler et les encourager, soit dans leurs dangers et dans leurs épreuves personnelles, soit au milieu des persécutions de l'Église et des grandes commotions sociales. En octroyant ce don particulier à qui il lui plaît, le Seigneur laisse à la libre disposition des autres l'usage et la garde des prédictions. Il n'a rien établi d'*une manière spéciale* qui en garantisse infailliblement la conservation et la valeur intacte. C'est pourquoi l'Apôtre dit : « Ne méprisez point les prophéties », car elles sont une grâce. Vous avez le droit de ne pas vous en occuper ; d'autres pourront s'en servir avec avantage ; mais qu'ils fassent bien attention, « qu'ils examinent tout avec soin » ; car le Seigneur n'a point protégé cette grâce contre le mensonge et l'erreur.

• 3º Il devient évident dès lors que l'autorité des prophéties canoniques ne saurait éprouver aucune atteinte du non-accomplissement des prophéties privées.

1. Voir lettre VI.

Il résulte encore de notre texte :

4° Que ceux qui s'occupent des prophéties modernes ne méritent point de blâme, puisqu'ils se conforment à un avertissement et à une invitation du Saint-Esprit : « Ne méprisez point les prophéties ; examinez-les, étudiez-les avec soin. »

5° Qu'ils ne poursuivent point une chimère, parce que l'Esprit de Dieu n'aurait point donné, sous cette forme impérative le conseil de s'appliquer à un travail inutile et sans résultats sérieux. En effet, si cette proposition était vraie : « Il est impossible ou extrêmement difficile de trouver quelque vérité sur l'avenir dans l'étude des prophéties privées », l'écrivain inspiré aurait-il dit aux fidèles : « Examinez-les, étudiez-les avec attention » ?... Et si le résultat de l'examen et de l'étude devait être sans importance et sans avantage sous aucun rapport pour eux, aurait-il ajouté : « Vous y trouverez quelque chose de bon, retenez-le » ?....

6° Du temps de saint Paul il y avait donc des prophéties privées véritablement dictées par le Saint-Esprit. Dans la primitive Église, le don de prophétie était commun. Donc il y a toujours eu et il y aura toujours dans l'Eglise catholique des prophéties particulières vraiment inspirées de Dieu ; car l'Eglise ne perd point le don qu'elle a une fois reçu. Or la sagesse et la bonté de Dieu demandent que ses dons soient distribués à propos et au moment où ils sont le plus utiles à ses enfants. C'est pourquoi à toutes les époques de tempêtes religieuses ou civiles, se sont produites une quantité de prédictions. C'est un fait indiscutable de l'histoire de tous les temps, qui se trouve confirmé à notre époque. Ce siècle qui voit la crise la plus grave qu'aient jamais

subie l'Église et la société, est fécond en documents prophétiques.

Nous conclurons donc avec juste raison :

7º Que les prophéties modernes *peuvent renfermer la
vérité ou au moins une partie de la vérité* sur notre
avenir.

Méditons maintenant chaque partie de notre texte.

II.

PROPHETIAS NOLITE SPERNERE : « GARDEZ-VOUS DE MÉPRISER
LES PROPHÉTIES ».

On ne saurait trouver un meilleur commentaire de
ces paroles que le passage suivant de la lettre de Mgr
d'Orléans [1] :

« Non-seulement le Christianisme est un grand fait
« surnaturel, mais de plus son établissement dans le
« monde est lui-même un grand fait miraculeux.

« Mais est-ce fini, Messieurs, et l'ère des faits mira-
« culeux et surnaturels est-elle close à jamais ? Ce serait
« un étrange excès d'incrédulité que de le prétendre.
« Non, le bras de Dieu n'est pas raccourci, ni le don des
« miracles supprimé, ni l'esprit de prophétie éteint dans
« l'Eglise, et les histoires des saints les plus authenti-
« ques, les plus certaines, offrent sous ce rapport, les
« traits les plus incontestables comme les plus adora-

---

1. Même lettre que plus haut.

1*

« bles de la puissance et de la bonté de Dieu. Voilà ce
« que la raison chrétienne et les annales de l'Eglise,
« Messieurs, proclament hautement, et ce qu'il ne faut
« pas que les esprits superbes et dédaigneux oublient :
« Ces dons extraordinaires des premiers siècles, dont
« parle saint Paul, *alii operatio virtutum, alii prophetia,*
« *alii gratia sanitatum*, ne doivent jamais cesser dans l'E
« glise. Les temps peuvent en être plus ou moins dignes,
« mais la source elle-même n'en est point tarie. Et voilà
« pourquoi saint Paul a dit : *Prophetias nolite spernere.*
« Ecoutez sur ces choses, Messieurs, l'éloquente parole
« de Fénelon : « A Dieu ne plaise, disait-il dans son
« admirable panégyrique de sainte Thérèse, que j'au-
« torise une vaine crédulité pour de creuses visions !
« Mais à Dieu ne plaise que j'hésite dans la foi, quand
« Dieu veut se faire sentir ! Celui qui répandait d'en
« haut, comme par torrents, les dons miraculeux sur
« les premiers fidèles, n'a-t-il pas promis de répandre
« son esprit sur toute chair ? Quoique les derniers
« temps ne soient pas aussi dignes que les premiers
« de ces célestes communications, faudra-t-il les
« croire impossibles ? La source en est-elle tarie ?
« Le ciel est-il fermé pour nous ? N'est-ce pas même
« l'indignité de ces derniers temps qui rend ces grâces
« plus nécessaires, pour rallumer la foi et la charité
« presque éteintes ! N'est-ce pas après ces siècles d'obscur-
« cissement, où il n'y a eu aucune vision manifeste,
« que Dieu, pour ne se laisser jamais sans témoignage,
« doit ramener enfin les merveilles des anciens jours ? »

Mais nous avons besoin d'être attentifs et de ne pas
perdre de vue l'avertissement du Saint-Esprit :

III.

OMNIA AUTEM PROBATE : « EXAMINEZ-LES TOUTES AVEC
ATTENTION ».

Par ces paroles nous sommes prévenus de ne point
accepter sans examen les prophéties privées. Nous sommes avertis qu'il y en a de *bonnes* et de *mauvaises* ; que
dans le texte des bonnes il pourra se trouver un mélange
d'erreur et de vérité. Il faudra par conséquent examiner
et trier avec soin pour rejeter le mauvais, et ne garder
que le bon, si nous voulons avoir le vrai don de Dieu et
nous rendre les prophéties utiles.

La raison et l'expérience confirment la parole sacrée,
et nous apprennent que par le fait soit de l'homme, soit
du démon, le mensonge se rencontre, le vrai et le faux
se mêlent dans les prophéties particulières.

Les démons, toujours appliqués à tromper les hommes
et à leur nuire, pour les empêcher de profiter des prophéties véritables, singent l'inspiration divine et produisent de mauvaises prophéties : tantôt ouvertement, en
annonçant des choses qui sont contraires aux enseignements de l'Eglise, ou qui favorisent plus ou moins l'erreur
dogmatique ou morale, tantôt d'une manière cachée
par des prédictions semblables aux anciens oracles des
païens, par des prophéties d'une ambiguïté et d'une
obscurité calculées. Ils sont coutumiers de cette trom-
perie : l'histoire en fait foi.

D'autre part, en conséquence de la transmission de
bouche en bouche, de copie en copie, une prophétie
véritable peut se trouver altérée par changements dans

les termes ou par suppression de quelques parties. D'autres fois, des additions plus ou moins volontaires seront faites aux textes par l'introduction de vues et d'interprétations particulières sous l'empire d'idées préconçues ou d'esprit de parti. Enfin, soit de bonne foi, se croyant illuminés par l'inspiration divine, soit *conscients* de leur fraude, pour favoriser une cause préférée, les hommes fabriquent des prophéties.

Il est évident que dans le travail d'examen et de choix devront être avant tout repoussées les prédictions d'origine plus ou moins diabolique, et toutes les interpolations de même nature qui auraient pu être faites en des textes d'ailleurs irréprochables.

Mais quel moyen avons-nous de reconnaître ces prophéties et ces additions ?

Il en est un très-simple et très-facile : c'est de suivre les prescriptions de l'Eglise ; c'est de ne jamais perdre de vue les décrets du concile général de Latran de 1516 [1], ceux d'Urbain VIII de 1625 et 1634, et du Concile de Paris de 1849, approuvé par le Saint-Siège. Et, en conséquence, c'est de n'étudier que les prophéties dont la publication aura été permise par l'Ordinaire [2].

Saint Paul nous enjoignant en cette matière *d'examiner avec soin*, quand celui qui dans l'Eglise, par son nom, par le devoir et la grâce de sa charge, est le *sur-*

1 Il est bon de faire remarquer que les peines canoniques portées par le Concile de Latran et le Pape Urbain VIII contre les transgresseurs de leurs décrets sont entièrement supprimées, depuis 1869, par la publication de la Constitution *Apostolicæ Sedis*.

2. L'Evêque du diocèse où se fait la publication. — Mgr l'Evêque d'Orléans, dans la lettre citée plus haut, rappelle aussi éloquemment qu'opportunément ces prescriptions de l'Église.

veillant de tout ce qui de près ou de loin intéresse le bien des âmes, quand l'*Évêque* aura examiné le premier, nous pourrons être assurés qu'il n'aura laissé passer rien de diabolique, rien de nuisible, rien de dangereux.

Or, dans nos travaux, nous sommes parfaitement en règle avec ces « lois du respect, de la docilité, de la « prudence chrétienne, de la vraie piété [1] ».

En fait, notre opuscule a eu pour lui-même le *laissez-passer* épiscopal, quoiqu'il ne porte pas en tête l'*imprimatur* officiel ; et en droit il n'en avait pas rigoureusement besoin, puisqu'il ne renferme en grande partie que les textes et l'interprétation de prophéties dont la collection et la publication ont été approuvées, non-seulement par l'Ordinaire, mais encore par plusieurs autres Evêques. *Les Voix prophétiques* [2] de M. l'abbé Curicque, où nous avons pris la plupart de nos textes, sont honorées de l'approbation élogieuse de Mgr Deschamps, archevêque de Malines, de NN. SS. les Evêques de Strasbourg, de Poitiers, de Saint-Jean de Maurienne et de Solie.

Nous pouvons donc assurer que nous ne sommes nullement atteint par l'énergique et bien nécessaire flagellation que Mgr d'Orléans [3] applique à tous ces prophètes, traducteurs, interprètes et adeptes, crédules, fanatiques ou illuminés.

Certainement vous ne nous reconnaissez pas dans cette vigoureuse tirade :

« Qu'est-ce en effet, Messieurs, que la plupart de

---

1. Même lettre de Mgr d'Orléans.
2. 5me édition, 2 vol. Paris.
3. Même lettre.

« ces volumes de prophéties que la spéculation des
« libraires colporte de tous côtés, et cette multitude de
« prophètes qui surgissent tout à coup, et ces oracles
« prétendus que chacun interprète témérairement à sa
« façon, dont on ne sait souvent ni l'origine, ni l'au-
« thenticité, ni le sens; formules vagues, obscures,
« ridicules, se produisant à l'état de bizarres et incom-
« préhensibles énigmes, se prêtant à tous les commen-
« taires, où l'on peut voir tout ce que l'on veut; et
« quelquefois si précis et si détaillés cependant, qu'on
« les accommode à l'avenir et au plus prochain avenir
« comme au passé, sauf à changer soudain l'explica-
« tion, si les événements viennent mettre à néant les
« prédictions qu'on n'avait pas craint d'en tirer, se
« faisant soi-même à son tour et révélateur et prophète?

« D'où viennent-ils, ces étranges voyants ? Qui les
« envoie? Et depuis quand Dieu veut-il qu'on règle sa
« conduite sur de tels oracles ? Quoi ! il a plu à Dieu,
« dites-vous, depuis des siècles ou des années, de
« dérouler à vos regards toute la série des événements
« que porte en son sein l'obscur avenir ! Et quel signe,
« quelle preuve avons-nous que ces soi-disant révéla-
« tions viennent de lui, et que ces nouveaux livres
« sibyllins doivent être consultés et par nous obéis?
« Aucune. Certes, on voit une raison suffisante et de
« tout point digne de Dieu dans la série de ces grands
« oracles bibliques, réalisés si merveilleusement par
« l'Évangile et dans l'histoire du peuple de Dieu. Mais
« comment s'expliquer ces révélations apocryphes, en-
« dormies si longtemps dans la poussière et dans l'ou-
« bli, tout à coup produites au grand jour, au moment
« où la curiosité publique surexcitée les appelle, et

« où, pour y démêler quelque chose, il faudrait évidem-
« ment à l'interprète une révélation nouvelle? Car tous
« les moyens d'interprétation et de critique font ici dé-
« faut ; on est absolument sans criterium sérieux-
« d'aucun genre, dans une voie d'aventure, exposé à
« toutes les tromperies de l'illusion, à toutes les fantai-
« sies de la chimère ; incapable par conséquent de ré-
« gler par là une conduite quelconque, autorisé dès
« lors à la suspicion la plus légitime, et en droit de re-
« garder comme non avenu tout cela. Sont-ce là des
« voies dignes de Dieu ? Et dès qu'il en est ainsi, la
« marque, le cachet des œuvres divines est-il là ? »

Vous avez déjà prononcé le nom des personnages qui
sont frappés en pleine figure par cette page vengeresse,
avant même d'avoir lu cet autre passage dans la suite
de l'écrit épiscopal :

« Nous sommes en effet, aujourd'hui, Messieurs, en
« plein dans les abus que l'Église a condamnés.... On
« applique intrépidement à l'époque présente les ora-
« cles de l'Ancien Testament et les mystérieuses révéla-
« tions de l'Apocalypse ; on exhume toutes les vieilles
« prophéties, on en imagine de nouvelles.... D'autres
« volumes paraissent avec les titres que voici.........
« Portraits prophétiques d'après Nostradamus, ou Napo-
« léon III, Pie IX, Henri V, d'après l'histoire prédite et
« jugée par Nostradamus, l'Apocalypse interprétée par
« Nostradamus et les lettres du grand prophète [1]. »

Mais si l'approbation épiscopale nous garantit contre
les prophéties mauvaises et dangereuses, elle ne nous
donne aucune assurance que le recueil prophétique est

---

1. Par M. Torné-Chavigny, 1871.

pur de tout mélange humain, où qu'il ne renfeme que des prophéties vraiment inspirées. « Ce n'est pas », dit Mgr Dupanloup [1], que « l'autorité ecclésiastique recom-
« mande tout livre qu'elle permet simplement d'impri-
« mer. Un simple *imprimatur* ne veut point dire qu'un
« livre n'est pas médiocre ; mais au moins y a-t-il là,
« dans cette condition préalable, une certaine garantie
« contre les ignorances et les erreurs censurables. »

A plus forte raison l'autorité épiscopale ne répond-elle point de la divine origine des prédictions qu'elle permet d'imprimer.

Il nous restera donc toujours à discerner les prédictions et les interpolations de source purement humaine.

Est-il absolument indispensable de s'imposer ce long et difficile labeur pour trouver la vérité sur l'avenir, dans les prophéties modernes ? Je ne le pense pas. Je crois peu utile de s'embarrasser de la question d'authenticité et d'intégrité.

On fait fausse route, à mon avis, quand on veut nécessairement soumettre le texte de ces prophéties, avant de les accepter, à la méthode d'examen et à toutes les règles de l'école. A moins que l'Église ne vous garantisse la divine inspiration d'une prophétie particulière, ce qu'elle ne fait jamais, vos meilleures preuves de son authenticité et de son intégrité ne vous donneront qu'une probabilité plus ou moins grande. Quel rapport rigoureux et incontestable y a-t-il entre la connaissance certaine de l'époque et de l'auteur d'une prophétie, de la parfaite pureté de son texte, et la réalité de son origine

1. Même lettre.

divine? Quelle assurance inébranlable en pourrez-vous
tirer? Ce sera une simple présomption en sa faveur. Des
Saints ont fait des prédictions tout à fait authentiques
qui ne se sont pas réalisées. De quoi l'authenticité indiscutable des Centuries de Nostradamus sert-elle pour
démontrer sans réplique qu'elles sont l'œuvre de l'Esprit-Saint? La prophétie parfaitement authentique peut
être aussi parfaitement humaine ou diabolique.

La seule chose importante dans cette question, il me
semble, *c'est d'avoir un texte fixé par l'impression à une
date assez notablement antérieure aux événements.* Et le
texte le plus anciennement fixé sera le préférable. Par
là vous êtes assuré de ces deux choses essentielles : que
toute altération ultérieure est devenue impossible, et que
la prophétie n'a pas été faite après coup.

Pour distinguer le vrai du faux, pour séparer le divin
de l'humain, nous avons un aide infaillible : le temps. A
lui seul il fera justice de tout ce qui dans nos collections
est inutile et doit être rejeté ; beaucoup mieux et plus
sûrement que nos recherches et nos travaux, il dési-
gnera les oracles d'invention humaine. Ces sortes de documents prophétiques ne sont guère que des imitations
ou des interprétations de prophéties véritables, et l'invention ne porte en général que sur *des détails.* Char-
geons donc les événements de leur ôter ou de leur donner créance.

D'ailleurs, en les rejetant on pourrait se priver de
quelques précieuses lumières sur l'avenir.

Car, indépendamment de l'inspiration prophétique
proprement dite et venant directement de Dieu, il faut
reconnaître que l'esprit humain, en raisonnant d'a-
près les données philosophiques de l'histoire, d'après les

règles de l'ordre naturel et surnaturel de la Providence, peut acquérir comme une espèce de lucidité, appelée par les uns prévisions, déductions historiques, par les autres, intuition du génie, au moyen de laquelle il saisit les principes et les conséquences, voit la liaison et la suite des événements, et, pénétrant dans le domaine de l'avenir, lui dérobe quelquefois d'étonnantes clartés [1].

Les démons doivent avoir cette lucidité naturelle à un degré bien supérieur. Leur intelligence est plus vaste et plus pénétrante que la nôtre ; ils savent mieux l'histoire que nous, n'oublient rien et ont une longue expérience des hommes. C'est d'ailleurs de cette manière seulement que les démons peuvent avoir par eux-mêmes une certaine connaissance de l'avenir. Ils peuvent encore annoncer à l'avance les calamités, les bouleversements physiques et moraux que Dieu leur permet de causer pour éprouver ou châtier les hommes. Satan aurait pu prédire les maux dont il allait accabler le saint patriarche Job. Ainsi s'explique comment des prophéties d'origine diabolique pourraient s'accomplir. Mais nous n'avons rien de bon à recevoir du diable. Ce qu'il nous présente d'utile en apparence n'est en réalité pour nous qu'un piége et un danger.

— Si toutefois on tenait absolument à faire un choix dans la collection des prophéties, je crois que les règles

1. Les écrits de M. de Maistre renferment maints passages de ce genre. Comme exemple remarquable de nos jours, il faut lire la page sur la chute de Napoléon III, écrite le 23 septembre 1866 par M. l'abbé Margotti, rédacteur de l'*Unita cattolica*.

données par la *Concordance* suffisent pour le faire sagement.

IV.

QUOD BONUM EST TENETE : « CONSERVEZ SOIGNEUSEMENT
CE QUI EST BON ».

Vous avez donc devant les yeux la collection autorisée des prophéties modernes : la plus riche en documents sera la meilleure. Parmi ces prophéties et dans chacune d'elles, où est le bon à conserver, où est la vérité sur l'avenir ?

Gardez-vous bien de vous arrêter à un seul prophète en particulier. Ce serait vous mettre dans le danger presque certain d'être trompé ou fort incomplétement éclairé. Car ce prophète unique pourrait être un faux prophète ; ou bien il peut avoir mêlé ses propres inspirations à celles de l'Esprit-Saint, ou encore son texte a été altéré ; ou enfin il n'a peut-être aperçu qu'un coin du tableau, qu'une partie des événements à venir, comme autrefois les prophètes de l'Ancien Testament ne voyaient s'illuminer à leurs yeux que quelques points particuliers de l'histoire de la Rédemption.

Je pense donc que, pour trouver le *bon à garder*, il faut le chercher dans l'ENSEMBLE DES PROPHÉTIES ; et pour le dégager de cet ensemble, pour en faire jaillir une véritable lumière sur les événements futurs, le plus sûr procédé c'est d'interroger chaque texte avec soin, ET DE VOIR EN QUELS POINTS S'ACCORDENT LE PLUS GRAND NOMBRE DES TÉMOINS PROPHÉTIQUES.

Les prédictions qui auront pour elle la totalité ou au

moins la majorité des témoignages devront donner la vérité sur l'avenir et seront le *bon à conserver*.

Cette méthode rationnelle nous paraît la seule capable de fournir un résultat sérieux. Elle est fondée sur les conséquences qui se déduisent des quatre propositions suivantes :,

1º Le don de prophétie existe toujours dans l'Eglise. 2º La prophétie privée est donnée par le Seigneur pour l'utilité des fidèles en particulier. 3º La sagesse et la bonté de Dieu exigent que ce don soit accordé surtout aux moments où ils en ont plus grand besoin. , 4º De fait, à toutes les époques de tourmente religieuse ou politique, beaucoup de prophéties ont été publiées, et plusieurs se sont accomplies. En nos temps malheureux , au milieu de la terrible crise par laquelle passent l'Eglise et la société, ce fait historique se reproduit encore : un grand nombre de prédictions sont mises au jour. Ces propositions sont certaines. Serons-nous déraisonnables si nous en tirons ces quatre conclusions : 1º Donc plusieurs des documents prophétiques modernes ont pour auteur le Saint-Esprit. 2º Donc la bonté et la sagesse de Dieu demandent que ce secours surnaturel ne soit pas rendu entièrement inutile et illusoire. 3º Donc on peut croire sans témérité que les prédictions fausses, d'origine humaine ou diabolique , seront moins nombreuses que les prophéties véritables; que dans l'ensemble des documents prophétiques il y aura plus de vrai que de faux, que le mensonge n'étouffera pas toute la vérité, qu'il sera possible de la dégager et de la faire surnager au-dessus de l'erreur. 4º Donc, en employant la même méthode qu'en justice et en histoire pour découvrir la réalité d'un fait, nous arriverons à un sérieux résultat, et nous aurons la plus grande probabilité de posséder la vérité sur notre avenir.

Ces déductions nous semblent d'une rigoureuse logique.

J'ai essayé, vous le savez, ce travail de concordance que d'autres auraient certainement mieux réussi. Je vous en rappelle les points principaux.

Le plus grand nombre des prophètes annonce pour l'Eglise et la société civile *une époque de malheurs* suivie *d'une période heureuse*; et en même temps, ils donnent *des avertissements et des signes* sur le temps où s'accompliront leurs prédictions.

Ces trois grands points d'abord bien précisés, *avertissements et signes, période de malheurs, époque de félicité*, ont permis de mettre à l'écart tout ce qui leur est étranger et toutes les prédictions qui pouvaient se rapporter à des temps antérieurs et postérieurs. On a ainsi un cadre restreint et bien déterminé sur notre avenir le plus prochain, celui assurément qui nous intéresse davantage.

En réunissant tout ce que les prophètes disent sur chacune de ces deux époques, nous trouvons qu'ils sont d'accord sur les points principaux suivants :

Pour les temps malheureux ils annoncent : 1° l'accroissement continu de la puissance du mal ; 2° des guerres, des bouleversements, des catastrophes et des fléaux de tous genres dans l'ordre physique et la société civile, non-seulement pour la France, mais pour l'Europe et le monde presque tout entier ; 3° l'humiliation et la persécution générale de l'Eglise ; troubles et schismes ;

4º le triomphe momentané des méchants; 5º l'intervention de Dieu, terrible, évidente et reconnue.

Pour le temps heureux : 1º triomphe de l'Eglise et de la religion; paix et ordre stables dans la société; 2º règne d'un Pape saint, élu d'une manière merveilleuse, et d'un grand Monarque, conquérant, législateur, zélé défenseur et pieux protecteur de l'Eglise et de la religion catholique; 3º Concile général, le plus grand et le plus célèbre de tous; 4º conquête et conversion de l'Orient et de tous les hérétiques et des infidèles.

Tels sont les grands événements annoncés pour un avenir prochain qui ressortent nettement de l'accord des textes prophétiques. Ce sont ces faits généraux qu'il faut *retenir*, auxquels il faut *s'attacher : quod bonum est tenete,* parce que là se trouve, à notre avis, *la vérité sur l'avenir.*

Ce sont donc ces prédictions, *ces grandes lignes* des prophéties modernes qui font l'objet de notre *foi humaine entière,* c'est-à-dire de notre ferme croyance *à leur très-probable accomplissement.* Est-ce à dire que nous les regardons comme devant infailliblement et nécessairement se réaliser? Non certes. Nous ne croyons d'une foi sans condition et sans hésitation, d'une foi inébranlable, d'une foi catholique et divine, qu'à l'accomplissement infaillible et nécessaire des prophéties sacrées. Nous l'avons dit [1], et nous le répétons, les prophéties modernes peuvent éprouver un complet échec, même dans tous les grands événements; toutefois il nous semble bien difficile qu'il en arrive ainsi, mais ce n'est pas rigoureusement impossible.

---

1. *Concordance,* p. 102.

Quant aux *détails*, on doit les ranger sous chacune des catégories auxquelles ils paraîtront plus naturellement se rapporter. Il ne faut pas s'arrêter absolument à tous ces détails, parce que beaucoup peut-être sont d'origine humaine. Peu importe donc s'il en est qui ne s'accomplissent pas. Cependant ne les rejetons point tout à fait, surtout ceux qui paraissent les plus importants, car il peut se faire que plusieurs viennent de Dieu.

De tout ce que nous venons de dire il ressort clairement que ceux-là agissent contre la raison et la saine critique qui, après avoir cru aux prophéties modernes, les rejettent et les méprisent en général comme en particulier, parce que certains détails de celle-ci ou de celle-là ne se sont point accomplis. Ils ont complètement oublié l'enseignement de l'Apôtre. Est-ce qu'il ne vous avait pas prévenu qu'il pouvait y avoir, avec le vrai et le bon, le faux et le mauvais dans toute prophétie privée ? Et ne vous avait-il pas dit de chercher à démêler l'un de l'autre ? Si par l'observation des prescriptions de l'Eglise vous avez écarté le mauvais et le dangereux, devez-vous être surpris et déconcerté de ce que le temps, mieux que vos études, vous ait fait connaître le faux ? Que voulez-vous qu'on pense de la justesse de vos raisonnements, si vous condamnez toutes t chacune des prophéties modernes parce que la Sœur Providence est morte, que le Pape règne au delà de 27 ans, et parce que depuis sept mois est passée la date de septembre 1873 dont les Prophètes n'ont jamais parlé ?

Maintenant, je vous le demande, mon cher ami, cette manière d'envisager et d'étudier les prophéties mo-

dernes mérite-t-elle d'être traitée de « crédulité », de
« témérité », de « fanatisme, « d'illuminisme » ?.....
Sommes-nous indiscrets et coupables de jeter de cette
façon des « regards curieux sur l'avenir »? Mais nous
agissons à l'imitation des anciens justes et des prophètes [1], quand nous « cherchons avec soin », quand
nous « scrutons » de plusieurs façons différentes, « en
quel temps et en quelle manière » viendront et la fin
des épreuves présentes et le commencement des dernières gloires de l'Église de Jésus-Christ. Est-ce que le
Seigneur a donné aux hommes la prophétie privée ou
sacrée, seulement pour qu'ils la conservent sans essayer
de l'expliquer et d'entrevoir l'avenir en l'étudiant? Qui
pourrait donc justement nous blâmer lorsque nous sui-
vons en cette étude le conseil de l'Esprit de Dieu, les
exemples des Saints, les règles de l'Église et du bon
sens?

Nos travaux seraient-ils nuisibles aux fidèles? Peuvent-ils les jeter « dans une folle confiance ou dans un
lâche abattement », deux sentiments contraires voisins
du fatalisme? Mais les textes mêmes de nos prophéties
répondent à ce reproche.

Quand elles annoncent le châtiment ou le triomphe,
elles multiplient leurs invitations à la prière et à la
pénitence, qu'elles présentent comme les seuls moyens
de détourner l'un et d'arriver à l'autre. N'est-ce pas
plutôt la lumière qu'elles répandent qui donne encore
du ressort à notre énergie et nous laisse quelque courage
au cœur? Au milieu des désolations présentes, en face
de l'*accroissement continu de la puissance* du mal, quelles

---

1. I. Petr. I, 10 et 11.

clartés absolument rassurantes nous fournissent donc
sur l'avenir nos seules lumières humaines?... Hélas! que
prévoyons-nous, sinon la fin de la France qui se prépare? Avec les prophéties modernes nous apercevons à
l'horizon le *point blanc*, première lueur de l'aurore du
secours divin.

Mais il ne plaît pas à quelques-uns que nous comp-
tions sur un aide extraordinaire du Tout-Puissant. Et
pourquoi? Est-ce parce que bien souvent déjà le Seigneur est intervenu par des prodiges en faveur de notre
chère patrie? Sommes-nous des illuminés, ou des fata-
listes, parce que, nous souvenant que Dieu a fondé la
France chrétienne à la victoire miraculeuse de Tolbiac,
qu'il l'a relevée d'une immense ruine par le bras de
l'humble bergère de Domrémy, nous pensons qu'il peut
en faire encore autant, et que les prophéties qui nous le
disent ne sont pas irréalisables?..... Non, parmi les
vrais catholiques, ceux qui croient aux prophéties modernes sagement étudiées ne se laissent point aller pour
cela, pas plus que ceux qui ne croient pas ou qui dou-
tent, à une folle confiance ou à un lâche découragement.
Ils se disposent à être, les uns comme les autres, des
hommes de cœur et de foi, si les jours d'épreuves
arrivent; ils s'exercent à devenir pour le service
de la France et de l'Eglise des instruments géné-
reux et dociles de la Providence, quand aura sonné
l'heure du salut. Et ils se forment aux vertus nécessaires
dans cette double série d'événements prédits, non-seulement par la prière, la pénitence, la vie sincèrement et
publiquement chrétienne, mais surtout en se serrant
de plus en plus autour du chef de l'Eglise, en acceptant
avec plus de soumission que jamais, en proclamant le plus

hautement possible, *toutes les doctrines religieuses, politiques et sociales* qu'enseigne la bouche infaillible du Vicaire de Jésus-Christ. Si véritablement, comme nous le pensons, l'esprit de Dieu a dicté les prophéties de la consolation et du triomphe, ce sont ces hommes-là seuls, et point d'autres, qui les accompliront et nous sauveront.

LETTRE III.

PIE IX ET PROPHÉTIES MODERNES.

I.

La parole auguste de Pie IX a jeté, dit-on, sur les prophéties modernes un blâme dont elles ne se relèveront point.

« Ecoutez, dit Mgr l'Évêque d'Orléans, ce que des
« journaux religieux français et belges nous rapportent
« que Pie IX en disait dans une allocution du 9 avril 1872 :
« *Je n'accorde pas beaucoup de crédit aux prophéties*,
« disait le Saint-Père, *parce que celles-là surtout qui ont*
« *été produites récemment ne méritent pas l'honneur d'être*
« *lues.* » Et quelques mois plus tard, dans une autre
« allocution du 5 juillet de la même année : « *Il cir-*
« *cule un grand nombre de prophéties*, disait-il ; *mais je*
« *crois qu'elles sont le fruit de l'imagination. La vraie pro-*
« *phétie consiste à se résigner à la volonté de Dieu et à*
« *faire le plus de bien possible.* »

Nous regrettons de n'avoir pas sur ce point le même sentiment que Mgr Dupanloup, et nous lui demandons pardon d'être obligé de relever l'inexactitude de sa citation.

Le Saint-Père n'a point condamné les prophéties modernes : ses paroles leur apportent au contraire plus d'appui que de blâme,

Mgr d'Orléans, en prenant dans les feuilles publiques les phrases citées plus haut, n'a pas donné la parole authentique, la vraie parole de Pie IX, rendant sa véritable pensée. Nous avons cette parole véritable à notre disposition dans le volume publié l'an dernier à Rome par le R. P. D. Pasquale de Franciscis sous ce titre: *Discours de N. T.-S. Père le Pape Pie IX adressés dans le palais du Vatican aux fidèles de Rome et du monde catholique depuis le commencement de sa captivité.*

En cas de contestation, c'est à ce livre que nous devons recourir pour connaître sans crainte d'erreur ce que pense et ce que dit le Pape. Quant à l'autorité que possède cet ouvrage, voici ce que nous lisons dans le *Monde* (10 avril 1874 — Nouvelles de Rome — correspondance particulière du journal):

« Le Pape a le droit, dont jouissent tous les orateurs
« de la chaire sacrée ou bien des parlements, de ne re-
« connaître comme *vrai* et comme *sien* que le texte des
« discours qu'il aura revu et retouché au besoin. Depuis
« deux ans et plus, le Souverain Pontife a choisi, pour
« cette mission de haute confiance et fort délicate, le
« R. P. Dom Pasquale de Franciscis, de la congrégation
« des *Pieux Ouvriers.* Lui *seul* est autorisé à prendre,
« par la sténographie d'abord, et à reproduire ensuite
« les discours du Pape..... Quand une audience doit
« avoir lieu... le R. Père, placé dans un lieu des plus
« convenables..... sténographie tout au long et le plus

« exactement possible l'allocution pontificale. Rentré à
« son couvent, il s'empresse de faire la traduction
« fidèle de son travail sténographique, puis il la fait
« remettre entre les mains de Sa Sainteté..... Sa Sain-
« teté a la bonté de le lire et d'y faire toutes les correc-
« tions et tous les changements qu'Elle juge à propos;
« puis Elle le fait remettre ensuite, ainsi revisé et
« approuvé, au R. Père de Franciscis..... Nous en avons
« assez dit... pour que vos honorables lecteurs sachent où
« se trouvent les *vrais discours du Souverain Pontife*, les
« *seuls* qui *soient revisés de sa main et approuvés par*
« *lui.* »

Or, si nous consultons le tome Ier des *Discours de
Notre Très-Saint-Père le Pape Pie IX*, publié en 1873
par le R. P. de Franciscis, nous trouvons dans l'allocution du 9 avril 1872 (page 387, discours 166e) les véritables paroles de Sa Sainteté :

« Je me rappelle dans ce moment que l'on dit, il y
« a déjà bien des années, qu'une certaine croix apparut
« en France. Cette croix, disait-on, ainsi que plusieurs
« autres apparitions de ce temps-là, semblait indiquer
« le déplaisir que Dieu ressentait de la profanation du
« dimanche, et inviter les bons Français à observer ce
« saint jour, pour éviter que Dieu ne punît la France
« par de terribles châtiments. JE NE ME FIE PAS TROP
« AUX PROPHÉTIES, D'AUTANT MOINS AUJOURD'HUI QUE LES
« DERNIÈRES QU'ON A FAIT CIRCULER NE SE SONT VRAI-
« MENT PAS FAIT TROP HONNEUR (*on sourit*). Il semblerait
« pourtant que celle-ci dût avoir son accomplissement,
« car vous voyez que la pauvre France a été bien mal-
« traitée et opprimée. »

Et dans l'allocution du 6 juillet 1872 [1], page 481, discours 200) :

« Il y a un grand nombre de prophéties qui COURENT : MAIS IL N'Y EN A QU'UNE SEULE VRAIE : C'EST LA RÉSIGNA- TION A LA VOLONTÉ DE DIEU ; C'EST D'ATTENDRE SON SE- COURS, ET, EN ATTENDANT QU'IL VIENNE, FAIRE TOUT LE BIEN QU'IL EST POSSIBLE DE FAIRE POUR PLAIRE A DIEU ET PROCURER LA GLOIRE DE SON ÉGLISE. »

On avouera que ces textes authentiques, et les seuls ayant autorité, ne ressemblent point, ni dans les termes, ni dans les idées, aux paroles citées, sur la foi des jour- naux, par Mgr d'Orléans.

Je ne me fie pas trop aux prophéties, n'a pas absolu- ment le même sens que : *Je n'accorde pas beaucoup de crédit aux prophéties.*

Nous disons en nos brochures, et nous faisons comme Pie IX : nous nous fions aux prophéties, mais pas trop. Nous nous fions dans la mesure de la prudence chré- tienne et du bon sens.

D'autant moins aujourd'hui que les dernières qu'on a fait circuler ne se sont vraiment pas fait trop d'honneur ne signifie pas du tout la même chose que : *parce que celles-là surtout qui ont été produites récemment ne mé- ritent pas l'honneur d'être lues.*

Le Saint-Père fait évidemment allusion ici à quelques prophéties qui avaient été mises en circulation à Rome même, et dont l'accomplissement n'avait pas eu lieu. Le sourire d'adhésion de l'auditoire, uniquement com- posé de Romains et de Romaines, le prouve clairement.

I. Et non pas du 5 juillet.

Le Saint-Père, en cette circonstance, applique le pré-
cepte de l'Apôtre : « Gardez-vous de mépriser les pro-
« phéties, *examinez tout, retenez ce qui est bon* », et nous
donne l'exemple d'en faire autant [1]. Il reconnaît que la
prophétie de Migné s'est accomplie dans les malheurs
qui ont accablé la France en 1870 et 1871.

Son discours n'entraîne donc pas un blâme géné
ral de toutes prophéties, mais de celles-là seulement
« qui ne s'étaient pas fait trop honneur », auxquelles
les événements, en leur infligeant un démenti, ôtaient
toute créance.

On ne peut pas non plus y voir un blâme particulier,
comme quelqu'un l'a dit, de notre humble opuscule,
dont la publicité a été fort restreinte, et qui sûrement
n'a pas l'honneur d'être connu à Rome. D'ailleurs, comment la parole du Pape le regarderait-elle ? Sa Sainteté se raille de prédictions qui venaient d'être contredites par les événements. Or, en avril et en juillet 1872,
aucun fait n'avait démenti notre *Concordance*, et encore
moins la date hypothétique de 1873 que nous avions indiquée.

*Il y a un grand nombre de prophéties qui courent; mais
il n'y en a qu'une seule vraie,* est encore fort différent
de : *Il circule un grand nombre de prophéties, mais je crois
qu'elles sont le fruit de l'imagination.*

1. Dans une autre allocution au Conseil et aux collecteurs de
'Archiconfrérie du Denier de Saint-Pierre, le 16 juillet 1871, le Saint-
Père avait déjà dit : « Nous ne nous fions pas trop aux prophéties
qui courent »; et en même temps il reconnaissait la réalisation
d'une prophétie d'Anna Maria Taïgi. (Voir pages 50 et 51, où nous
apportons cette allocution.)

Ce dernier membre de phrase manque complétement dans le vrai texte.

Que veulent dire ces expressions :

Il n'y en a qu'une seule vraie, une seule vraie prophétie : *c'est la résign ttion à la volonté de Dieu , c'est d'attendre son secours, et en attendant, de faire tout le bien, etc.*

Il me paraît évident que le Saint-Père n'a pas donné, en sa pensée, au mot *prophétie* la même signification dans le premier membre de phrase que dans le second. Dans le premier membre, le mot *prophétie* veut dire prédiction de l'avenir. Or, sûrement , dans le second il n'a pas ce sens, car la phrase ne présenterait aucune idée. Voyez plutôt : La seule vraie (prophétie) prédiction de l'avenir , c'est la résignation...., c'est d'attendre.... c'est de faire... Le Pape a employé le mot *prophétie* dans le second membre de sa phrase, selon un des sens du mot latin *prophetia* [1], qui signifie dans le Nouveau Testament, non-seulement *prédiction de l'avenir*, mais aussi, *interprétation, enseignement, explication* des saintes Ecritures, des mystères de la foi, etc. Alors sa pensée est facile à saisir : Il y a un grand nombre de prophéties (de prédictions sur l'avenir) qui courent ; mais la vraie (prophétie) *interprétation, explication* à en faire, l'*enseignement* vrai à en tirer, c'est la résignation à la volonté de Dieu ; c'est d'attendre son secours, et, en attendant qu'il vienne, faire tout le bien qu'il est possible pour plaire à Dieu et pour procurer la gloire de son Eglise.

En tout cela, il n'est rien qui condamne les prophéties

---

1. Le mot italien a-t-il aussi ces différents sens ? Je ne saurais le dire.

modernes, car c'est la conclusion pratique qui ressort de leur ensemble.

II.

D'ailleurs Pie IX a souvent parlé lui-même dans le sens et presque avec les mêmes termes que les prophéties modernes.

Comme Elie, dit M. l'abbé Curicque[1], il possède un « double esprit de prophétie : d'un côté, en sa qualité « de vicaire de Jésus-Christ et de martyr de la vérité « et de la justice, il voit loin devant lui et autour de lui ; « de l'autre côté, comme père commun des fidèles, il « reçoit de toutes parts communication des révélations « faites aux âmes favorisées de Dieu ; il sait, mieux que « personne, tout examiner et aussi retenir ce qui est « bon. »

En lisant avec attention ses nombreux discours, on se convainc facilement que Pie IX annonce la plupart des grands événements que nous avons fait sortir de l'accord des prophéties modernes. Les citations suivantes vont le démontrer avec évidence.

1° Les prophéties modernes annoncent des fléaux, des malheurs, des châtiments, même après ceux que nous avons déjà subis. Pie IX depuis deux ans parle dans le même sens.

« Une partie des révolutionnaires ne s'épouvantent que « du pire, parce que, au-dessus d'eux et après eux, il y en « a d'autres plus perfides qui ne connaissent aucun prin-

---

1. Voix prophétiques, 5e édit., t. 2, p. 418.

« cipe ni de charité ni de justice, et *qui préparent des jours*
« *terribles à l'humanité* [1]. »

« Vous (les hommes de la Révolution) entrerez dans
« Rome pour y *attirer les plus terribles châtiments* qui
« vous atteindront vous-mêmes et vous feront victimes
« de votre ambition..... Prions le Seigneur de suspen-
« dre la rigueur de ses châtiments, et d'éloigner de ce
« peuple bien-aimé les conséquences des vengeances
« qui ne sont que trop méritées et *des malheurs plus*
« *grands encore* dont sa justice devra punir les coupa-
« bles obstinés [2]. »

« Qu'ils sont à plaindre ceux qui pactisent avec la
« Révolution ! Ils veulent jouer avec la Révolution, et la
« *Révolution les engloutira dans ses abîmes......* Ce sont
« ceux qui gouvernent, et qui croient pouvoir éteindre
« le feu de la Révolution en l'approchant de près, sans
« s'apercevoir qu'ils sont eux-mêmes atteints par *un*
« *feu qui menace d'incendier toute la terre, et dont les*
« *signes avant-coureurs se font déjà sentir* [3]. »

« Nous ne pouvons qu'invoquer sur tous... une béné-
« diction particulière qui puisse *les préserver de nou-*
« *veaux et plus terribles châtiments* [4]. »

« Il se passe aujourd'hui (dans le monde) quelque
« chose de semblable (à ce qui se passait dans les villes

1. Allocution aux représentants catholiques de toutes les nations,
24 janvier 1872. Discours de N. S. P. le Pape, publiés par le
R. P. Pasquale de Franciscis, t. Ier p. 323.

2. Allocut. à des Romains de plusieurs paroisses : 18 février 1872.
— Ibid. p. 348-49.

3. Allocut. à des Romains de plusieurs paroisses. 28 avril 1872.
— Ibid., cours, etc., p. 411.

4. Lettre au cardinal Antonelli, 16 juin 1872. — Ibid.,
p. 503.

« de la Pentapole avant qu'elles ne fussent consumées
« par le feu du ciel) : *de très-grands malheurs menacent*
« *le monde.* L'Europe , l'Italie, Rome et beaucoup d'a-
« deptes se réjouissent et dansent sur un terrain plein
« de danger [1]. »

« Que Dieu bénisse la ville de Rome et *la préserve des*
« *maux terribles qui la menacent* [2]. »

« (Avant le triomphe) il faudra encore *passer par le*
« *sang* [3]. »

2° Les prophéties modernes prédisent le châtiment
des méchants, le salut, la délivrance et le triomphe de
l'Eglise par le secours divin, par l'intervention miraculeuse du Seigneur, par le grand Monarque, Sauveur
envoyé de Dieu.

Ecoutons Pie IX ; il tient le même langage :

« Nous serons certainement glorifiés par une vengeance
« digne de Dieu : savoir, ou par une sincère conversion,
« ou *par une terrible punition de ses ennemis* [4]. »

« Faites-leur comprendre (à ceux qui sont à la tête
« des peuples) (ô mon Jésus !) *le danger auquel ils sont*
« *exposés, et qu'ils n'attendent pas un autre Moïse qui*

---

1. Allocut. aux officiers de la garde palatine, 1er janvier 1873. —
Univers et *Monde*, 4 janvier 1873.

2. Allocut. aux curés de Rome, le 20 janvier 1873.— *Monde*, 24-25
février 1873.

3. Paroles adressées au R. P. Chevalier, d'Issoudun : audience du
7 juillet 1872. *Annales de Notre-Dame du Sacré-Cœur*, août 1872.

4. Allocut. aux Curés et aux Prédicateurs du Carême à Rome,
16 février 1871. — Discours, etc., par le R. P. dom Pasquale de
Franciscis, p. 54.

« *pourrait les faire engloutir au passage d'une autre mer*
« *Rouge* [1]. »

« Nous avons donc ici une persécution toute préparée
« et commencée en Allemagne..... Quant à nous, tour-
« nons nos regards vers Dieu..... et *finalement nous*
« *verrons tomber la petite pierre qui brisera le talon du*
« *colosse* [2]. »

« La Révolution doit périr, *et c'est l'épée elle-même de*
« *nos ennemis qui nous en délivrera*..... Retenons ceci
« pour certain : *la Révolution sera tuée, tuée par ses pro-*
« *pres armes*, ces mêmes armes qu'elle dirige contre la
« vérité, la justice, l'Église, contre tout ce qu'il y a de
« plus sacré sur la terre... Prions sans relâche, *et le*
« *suicide de la Révolution aura lieu lorsque nous nous y*
« *attendrons le moins* [3]. »

— « Mais, après tant de prières, *verrons-nous apparaître*
« *enfin l'aurore de la paix ? Et apparaîtra-t-elle bientôt ?*
« *Il est certain qu'elle doit luire;* mais si ce sera bien-
« tôt, je l'ignore..... *Nous aussi nous devons surgir de*
« *la fange où*..... ils nous ont plongés..... Nous serons
« *certainement glorifiés*..... Qu'il (le Seigneur) nous
« donne la force de nous soutenir dans le chemin épi-
« neux sur lequel *nous espérons voir reluire une lumière*
« *de miséricorde* [4]. »

« Si ce n'est pas ce Vicaire de J.-C., ce sera certaine-

---

1. Allocut. aux Romains de plusieurs paroisses, 3 mars 1872. — Ibid.,
page 364.

2. Allocut. aux Cercles teutoniques, 24 juin 1872. Discours, etc.,
p. 459.

3. Allocut. en réponse à l'adresse du général Kanzler. *Univers*,
1er janvier 1873.

4. Allocut. à MM. les Curés et Prédicateurs de Rome, 16 février
1871. — Discours, etc., p. 53-54.

« ment un de ses successeurs qui verra cette ville *rendue*
« *à son premier état, aussi tranquille et florissante qu'elle*
« *l'était il y a quelques mois*, *et le Saint-Siége sera réin-*
« *tégré dans ses anciens droits* [1]. »

« Le Seigneur fera luire enfin *le jour de ses miséri-*
« *cordes, et il nous délivrera des maux qui nous accablent.*
« *N'en doutez point.* Que la bénédiction que je vous
« donne.... vous en soit le gage [2]. »

« *Le temps d'une plus grande paix viendra*; hâtons-le
« par nos prières [3]. »

« *Nous espérons sortir une bonne fois de la situation*
« *pénible où nous nous trouvons.* Même cette musique
« que je viens d'entendre doit être pour nous *comme un*
« *gage de notre future allégresse*; et ces mélodies nous
« annoncent *les concerts d'un avenir meilleur* [4]. »

« Je dis, moi, qu'il est venu un certain temps où
« vous-mêmes, jeunes gens et jeunes filles, *vous faites des*
« *miracles et des prophéties*..... Quant aux prophéties, on
« peut dire *que vous les faites par vos adresses*; car je
« vous y entends affirmer, avec un pressentiment qui
« fait honneur à votre foi, que *la fin de tous nos maux*
« *doit certainement venir*; je vous y entends dire que
« *nous devons sortir une bonne fois de cette condition*
« *déplorable, et que le jour viendra où les ennemis de l'E-*

1. Allocut. aux Dames romaines, 12 avril 1871. — Discours, etc.,
p. 74.

2. Allocut. à la Société primaire romaine pour les intérêts catholiques, 15 juin 1871. — Discours, p. 99.

3. Allocut. aux femmes catholiques du Trastevere, 7 janvier
1872. — Discours, etc., p. 312.

4. Allocut. aux Romains de plusieurs paroisses, 11 février 1872
— Discours, etc., p. 339.

« glise étant confondus, la Religion ne sera plus ni oppri-
« mée, ni persécutée, mais au contraire appuyée et sou-
« tenue. On peut dire en quelque sorte, chers enfants,
« que ce sont là de véritables prophéties; et nous devons
« espérer que le Seigneur nous en fera voir bientôt l'iné-
« vitable accomplissement [1]. »

« Attendons ce retour (de l'influence de la Religion)
« quand il plaira à Dieu de nous le faire voir. J'espère
« qu'il l'accordera, sinon à moi, au moins à mon succes-
« seur, mais il viendra certainement [2]. »

« Il nous reste... à prier Dieu qu'il rouvre le trésor
« de ses miséricordes, qu'il éloigne les impies et nous
« accorde des jours de paix et de tranquillité. En ce qui
« me regarde, je désire finir mes jours au milieu de
« cette paix et de ce repos de l'âme. J'en suis sûr, cette
« ère de tranquillité reviendra. Comment et quand ? je
« l'ignore ; mais j'ai la conviction intime que la paix
« reviendra ». « Unissons donc nos prières pour hâter
« le moment où Dieu se prononcera en notre faveur [3]. »

« Nous espérons que, à l'égal des Hébreux qui arri-
« vèrent sains et saufs au terme, nous pourrons, après
« avoir traversé miraculeusement ces temps de persécution,
« chanter comme Moïse : Cantémus Domino, gloriose
« enim magnificatus est : equum et ascensorem projecit
« in mare [4].

1. Allocut. à un grand nombre de jeunes gens romains et de jeunes
romaines, 25 mai 1873. — Discours, etc., p. 422.

2. Allocut. au collége des Prélats et au Conseil d'Etat, 20 juin
1872. — Discours, etc., p. 450.

3. Allocut. aux anciens employés de la Police, 1872. — Monde,
24 juillet 1872.

4. Allocut. à la jeunesse romaine, 2 octobre 1872. — Univers,
7 octobre 1872.

« Que ferons-nous donc, N. T.-C. F., au milieu de ces
« incertitudes et de ces craintes, et ne voyant venir
« aucun secours d'aucun côté?.... Allons à l'autel de
« Dieu, *introibo ad altare Dei*, et nous entendrons sa
« réponse : espérez. Le moment où il réjouira nos âmes
« n'apparaît pas encore clairement à nos regards, mais
« il est déjà décidé dans les décrets de la divine Provi-
« dence, *et l'on verra, oui, l'on verra enfin ce décret de*
« *libération qui fera se relever ce peuple et qui fera se*
« *relever comme il le mérite le peuple qui appartient à la*
« *capitale du monde catholique* [1]. »

« Recommandez-lui les besoins de toute l'Eglise et
« du vieillard qui vous parle, afin qu'il me donne la
« force de prier pour tous, pour l'Allemagne, pour la
« France, pour l'Autriche, pour la Suisse, pour l'An-
« gleterre, pour l'Espagne, pour le Portugal et pour
« cette pauvre Italie. Ah ! *que Dieu vienne calmer la*
« *tempête et ramener le navire dans le port du salut et*
« *du repos. Sans aucun doute il viendra, et c'est avec cette*
« *foi* que je lève la main pour vous donner la bénédic-
« tion du Seigneur [2]. »

— « Le démon n'est que trop déchaîné contre l'Eglise,
« mais on doit espérer qu'aux jours du combat *succé-*
« *deront ceux du triomphe* [3]. »

« Le Dieu qui humilie est celui-là même qui exalte-

1. Allocut. à la noblesse romaine, 29 décembre 1872. — *Univers*,
2-3 janvier 1873.

2. Allocut. aux Généraux d'Ordres et aux supérieurs des couvents
de Rome, 12 juin 1873. — *Univers*, 18 juin 1871.

3. Allocut. à une Congrégation d'Enfants de Marie, 11 février
1871. — Discours, etc., p. 51.

« Le *triomphe viendra*, et les ennemis de l'Eglise, qui
« nous affligent tant, seront domptés. Mais quand,
« mais comment? Quant à cela, c'est le secret de Dieu,
« et en vérité, je l'ignore [1]. »

« J'accepte cette couronne (une tiare magnifique
« qui lui était offerte) comme un emblème de résur-
« rection. Elle ne me servira pas aujourd'hui, *mais au*
« *jour du triomphe* [2]. »

« Ayons confiance en Dieu ; *c'est lui qui doit nous con-*
« *duire à la victoire*. Ce ne sera peut-être pas moi qui
« la verrai ; car j'ai les cheveux blancs et mon âge est
« avancé [3]. »

« J'accepte avec plaisir votre don et les vœux que vous
« faites *pour le triomphe de l'Eglise, qui ne peut faillir*.
« Toutefois il faut avoir de la fermeté, de la constance
« dans la prière, et une grande confiance en Dieu...

« Non pas que nous devions, nous aussi, attendre
« 38 ans (comme le paralytique de la piscine probati-
« que dont le Saint-Père rappelle la guérison). Non ;
« mais il faut de la constance. *Si ce ne sont pas des années,*
« *ce seront des mois.* Les choses iront ainsi tant que le bon
« Dieu voudra ; *mais enfin viendra un jour où il vous dira*
« *comme à moi : Surgite,* etc. *Levez-vous, votre heure est*
« *arrivée, l'heure du triomphe et de la consolation* [4]. »

1. Allocut. aux recteurs des colléges étrangers, 12 avril 1871.
— Discours, etc., p. 76.

2. Allocut. à la députation belge, 18 juin 1871. — Discours, etc.,
p. 128.

3. Allocut. aux avocats et aux procureurs de la Curie romaine,
9 juillet 1871. — Discours, etc., p. 188.

4. Allocut. à la commission de l'Obole, 25 juillet 1871. — Discours,
etc., p. 207.

Comparez ces remarquables paroles avec celles de Marie Lataste. (*Concordance*, p. 200, 2ᵉ édit.) :

« *Le triomphe de l'Eglise est certain, et il viendra*, mais « il faudra encore passer par le sang... *Sine sanguinis* « *effusione non fit remissio* [1]. »

« *Oui, ce changement, ce triomphe viendra*; je ne sais « si ce sera durant ma vie, durant la vie de ce pauvre « vicaire de Jésus-Christ; *mais je sais qu'il doit venir, et* « *nous verrons la fin de tant d'impiétés*. Vivons dans « cette espérance fondée, certaine, et nous verrons que « Dieu se souviendra de nous et nous bénira [2]. »

— « Le monde est plongé dans le mal, il ne peut pas « continuer comme cela : une main humaine est im- « puissante à le sauver ; *il faut que la main de Dieu se* « *manifeste visiblement;* et je dis : Nous verrons *cette* « *main divine* avec les yeux de notre corps [3]. »

« La société a été lancée comme dans un labyrinthe « *d'où la main de Dieu toute seule* pourra la faire sor- « tir [4]. »

« Il est certain que la société éprouve chaque jour « de nouveaux dangers. Il est certain que le désordre a « pris des proportions telles que, *si la main de Dieu ne* « *vient à notre secours*, nous pourrons difficilement « espérer le calme et la tranquillité [5]. »

1. Paroles dites au R. P. Chevalier, d'Issoudun. Audience du 7 juillet 1872. *Annales de Notre-Dame du Sacré-Cœur*, août 1872.

2. Allocut. aux membres de l'aristocratie romaine, à l'occasion de l'anniversaire du plébiscite. — *Univers*, 7 octobre 1872.

3. Paroles adressées à un Evêque d'Orient. — *Semaine religieuse* d'Angoulème, 4 décembre 1870.

4. Allocut. aux représentants catholiques de toutes les nations, 24 janvier 1872. — Discours, etc., p. 322.

5. Allocut. aux employés du ministère des finances, 4 juillet 1872. — Discours, etc., p. 476.

« Prions pour que le moment arrive bientôt où Dieu
« manifeste tous les moyens qui sont en son pouvoir
« pour calmer la tempête et ramener la tranquillité,
« l'ordre et la paix dans le monde entier ; car on peut
« bien dire que toute la terre est en proie à l'esprit du
« désordre, et *qu'il y a partout nécessité de la main de*
« *Dieu ;* celle des hommes ne suffit pas à nous rendre
« la paix [1]. »

— « Le Seigneur... viendra à notre secours. Qu'il lève
« le petit doigt de sa main, et l'orgueil humain dispa-
« raîtra... Il me semble qu'*il se prépare déjà à faire*
« pour le moment désigné par la divine sagesse *un mi-*
« *racle si sublime que le monde en sera dans la stupéfac-*
« *tion* [2]. »

« Nous voudrions *le miracle de la délivrance*, je le
« sais. *Il viendra à son tour, n'en doutez point* [3]. »

« La société est bien malade. Voyez la France, l'Es-
« pagne, l'Italie. Il semble qu'il *faudra des miracles*
« pour remettre la société à flot [4]. »

« Vous voyez combien de sujets d'amertume viennent
« d'Italie, d'Allemagne, de Suisse, et d'autres royaumes
« et provinces où tant d'hommes concourent à affliger
« et à opprimer l'Eglise. Or je ne vous dis pas que tous

1. Allocut. aux anciens employés des Ministères de l'intérieur,
du commerce et des finances, 22 décembre 1872. — *Univers*, 26-27
décembre 1872.

2. Allocut. aux jeunes gens du Cercle de Saint-Pierre, 22 juin
1871. — Discours, etc., p. 151.

3. Allocut. à 2,000 femmes du Borgo, 10 décembre 1871. — Discours, etc., p. 205.

4. Allocut. aux députés belges, 19 janvier 1872. — *Univers*, 27
janvier 1872.

« ces maux passeront dans peu, je ne vous dirai pas
« que nous sommes à la veille de la délivrance et du
« triomphe, mais je vous dirai que *Dieu se montrera*
« *certainement*, bien que j'ignore le moment *auquel il*
« *opérera ce prodige* [1]. »

— « Les circonstances sont graves. *Quelle sera la per-*
« *sonne dont Dieu voudra se servir*, je l'ignore ; *mais il*
« *enverra certainement quelqu'un à notre secours* pour
« nous délivrer des maux et des ennemis qui nous op-
« priment [2]. »

« Il n'y a rien à espérer du monde; *mais d'un mo-*
« *ment à l'autre il peut venir un homme envoyé de Dieu*;
« et il nous reste à prier, afin que Dieu mette la main
« au trésor de ses miséricordes [3]. »

Pie IX répète à plusieurs reprises qu'il ignore quand,
dans quel moment, à quelle *époque fixe* arrivera le
salut et le triomphe par l'intervention miraculeuse
de Dieu. Il déclare qu'il ne sait pas non plus *de quelle*
manière le Seigneur procurera la délivrance, enverra
le Sauveur, montrera sa main et fera des prodiges. Il
annonce les faits généraux, il ne prédit pas les détails.

Néanmoins il circonscrit, quoique d'une manière
vague, la durée de l'épreuve : le secours, la délivrance,
le triomphe arriveront *bientôt*.

Après avoir dit une fois, le 16 février 1871 : « Il est
certain que (l'aurore de la paix) doit luire, mais si ce

---

1. Allocut. à une députation de Civita-Vecchia, le 28 septembre
1873. — *Univers*, 8 octobre 1873.

2. Allocut. à la députation de Grotta-Ferrata, 14 octobre 1871. —
Discours, etc., p. 245.

3. Allocut. aux anciens employés de la police, 20 juillet 1872.
— *Univers*, 24 juillet 1872.

sera *bientôt, je l'ignore* », dans la suite, plus éclairé sans doute de lumières surnaturelles, il affirme *que ce sera bientôt :*

« Mais, direz-vous, le véritable triomphe, le triomphe « final, nous l'attendons encore. *Celui-ci non plus ne « pourra tarder* [1]. »

« Si le triomphe de Notre-Seigneur suivit de près les « douleurs de sa Passion, nous devons espérer, nous « aussi, *que luira bientôt* à nos yeux *l'aurore du jour du « triomphe* pour l'Eglise [2]. »

« Quant à vous, ayant été forcés de quitter vos an- « ciens postes, vous attendez l'heure de reprendre la « place qui vous appartient, comme moi j'attends pou- « voir vous la redonner. Oui, j'attends et, je le répète, « *dans un temps peu éloigné* [3]. »

« Mais, me demandez-vous, comment tout cela finira- « t-il? Quelle espérance nous reste-t-il? C'est ici que « s'applique le passage de saint Jean : *Ecce venio citò.* « Je viendrai bientôt, dit Jésus-Christ... Espérons que « Jésus-Christ maintiendra ce qu'il a dit: *Ecce venio,* et « qu'*il l'accomplira bientôt* [4]. »

« On peut dire, en quelque sorte, que ce sont là de « véritables prophéties (l'annonce de la fin des maux, de « la délivrance de Rome et de l'Eglise); et nous devons

---

1. Allocut. aux Dames romaines, 1871. — Discours, etc., p. 73.

2. Allocut. à la députation anglaise, etc., 16 juin 1874. — Dis-cours, etc., p. 110.

3. Allocut. au collége des Prélats et au Conseil d'Etat, 1er juillet 1871. — Discours, etc., p. 176.

4. Allocut. aux Romains de plusieurs paroisses, 28 avril 1872. — Discours, etc., p. 410.

« espérer que le Seigneur nous en *fera voir bientôt*
« l'inévitable accomplissement [1]. »

« Espérons que ces temps (malheureux) finiront, et
« finiront *bientôt* [2]. »

« Nous devons hâter par la prière les jours de la mi-
« séricorde divine ; *ils ne sont pas éloignés* [3]. »

Comme il le fait observer lui-même, le Saint-Père ne
prétend pas « que tous les maux passeront dans peu
et que nous sommes A LA VEILLE de la délivrance et du
triomphe (le 28 septembre 1873). Mais il affirme et il
répète que l'épreuve ne sera pas longue. Les prophéties modernes le redisent avec lui.

Enfin, Pie IX nous donne le signe remarquable
auquel nous reconnaîtrons que le moment est venu :

« La Providence permet que les injustices se com-
« mettent ; n'en soyons pas émus. LORSQU'ELLES SERONT
« PARVENUES A LEUR COMBLE, *surgira le jour du triom-*
« *phe* [4]. »

En rapprochant ces paroles de celles que nous avons
citées plus haut : « *le suicide de la Révolution aura lieu
lorsque nous nous y attendrons le moins,* » est-ce que
votre mémoire ne vous rappelle pas incontinent ces
textes des prophéties : « l'impiété sera renversée, ses
desseins réduits à néant *à l'heure où elle les croira ac-*

---

1. Allocut. à un grand nombre de jeunes Romains et de jeunes
Romaines, 25 mai 1872. — Discours, etc., p. 242.

2. Allocut. à un pieux institut de secours, 5 juillet 1872. — Discours, p. 479.

3. Allocut. aux Généraux des Ordres religieux. — *Univers*, 19
décembre 1873.

4. Allocut. à la noblesse romaine, 20 septembre 1872. — *Univers*,
24 septembre 1872.

2*

complis et exécutés pour toujours »; ce sera lorsqu'on croira tout perdu que tout sera sauvé, on croira tout perdu, et le bon Dieu sauvera tout, etc., etc. (*Concordance*, p. 107, n° 10; p. 164, etc.)

Le Saint-Père ajoute :

« Je vois que, grâce à Dieu, les peuples ouvrent les
« yeux sur leur position. Je vois le peuple catholique
« répandu sur tout l'Univers et opposant une réaction
« sainte et humble à l'esprit d'impiété qui menace
« d'inonder toute la terre. Je vois ici des pèlerinages
« aux sanctuaires, là des églises qui retentissent des
« prières des bons, et tout cela nous donne du cou-
« rage, et nous fait espérer que Dieu voudra se rappe-
« ler de l'heure de sa miséricorde *plutôt peut-être que*
« *nous le pensons.* [1]. »

Les prophéties ont dit aussi : « Si, comme Dieu le
« désire, nous rentrons dans ses voies et dans celles de
« sa sainte Eglise, nos maux seront allégés, » et « ces
jours (de bouleversements) seront abrégés en faveur
des justes. »

Dans une rapide lecture de ces extraits des discours de Pie IX, il semblerait que, en quelques points, il se met en contradiction avec lui-même. Il paraît dire tantôt qu'il verra le triomphe, tantôt qu'il ne le verra pas. Mais en lisant avec attention, on voit clairement sa pensée :

Il verra « la main divine » faisant disparaître ses ennemis; « il surgira de la fange où ils l'ont plongé » ; « il sera délivré des maux qui l'accablent »; « il sor-

---

1. Allocut. à la jeunesse romaine, à l'occasion de l'anniversaire du plébiscite. — *Univers*, 7 octobre 1872.

tira une bonne fois de la situation pénible où il se trouve » ; « il traversera miraculeusement ces temps de persécution » ; « il se lèvera à l'heure du triomphe et « ceindra la riche tiare, emblème de résurrection ». Mais il ne verra pas « la ville de Rome rendue à son « premier état, aussi tranquille et florissante » qu'elle l'était dans le passé ; il ne reverra pas « l'influence » de la Religion rétablie partout et en tout, le « changement » complet du monde, le « triomphe » entier, la « victoire » universelle annoncée à l'Eglise, c'est-à-dire il assistera au commencement du salut, de la paix, du triomphe : c'est ce que nous avions déduit de la concordance des prophéties.

Nous pouvons donc conclure sans crainte d'être contredit : Pie IX parle comme les prophéties modernes ; il ne les a donc pas condamnées ; il examine tout et retient ce qui est bon,

Nous avons fait et nous faisons de même.

LETTRE IV.

ACCOMPLISSEMENT DE PROPHÉTIES MODERNES.

— Les prophéties modernes n'ont aucune valeur : elles ne sont pas accomplies.

Distinguons, s'il vous plait.

Ces fausses prophéties qui « naissent pour ainsi dire chaque matin », sous la forme d'un quatrain de Nostradamus trois ou quatre fois retourné, ou d'une vision et révélation nouvelle « d'un prêtre, d'une religieuse... d'une jeune fille d'humble condition, toujours de saintes gens », oui, ces prédictions *fantaisistes* n'ont aucune valeur. Elles ne se sont point réalisées, et celles-là en France « ne se sont vraiment pas fait trop honneur ». Je comprends que les voix de Pie IX, de Mgr l'Évêque d'Orléans, de l'éminent publiciste Louis Veuillot, en fassent bonne justice [1].

Mais *ces prophéties modernes, prises dans leur ensemble*, telles que nous les avons étudiées, selon la méthode rationnelle, et dont les textes sont autorisés, ces prophéties-là ne « meurent pas aussi promptement » ; elles auront nécessairement « la vie plus dure ». Leur acte de nais

---

1. *Univers*, du 4 avril 1874, art. *crédulité*.

sance à chacune est fixé par une date d'impression qui. va de 1871 au xve siècle. C'est là la solide authenticité. Nous n'inscrirons leur décès que quand les événements les auront réellement mises à mort.

Or jusqu'à présent, quoi qu'on dise, les *prophéties modernes* n'ont reçu qu'*un démenti dans un seul détail*, après s'être accomplies dans plusieurs autres : et bien loin d'être contredites par les faits, elles se sont réalisées et elles se réalisent chaque jour dans *leurs grandes lignes*.

I.

LE DÉMENTI.

Le démenti porte sur la durée du pontificat de Pie IX. C'est un heureux démenti. Selon Anna-Maria Taïgi, Pie IX devait régner 27 ans et environ 6 mois [1]. Or, les 27 ans et les 6 mois sont passés, et, dans deux autres mois, Pie IX aura achevé la 28e année de son règne. Puisse-t-il voir toutes les années du pontificat total de saint Pierre !

Nous n'avons pas à justifier Anna-Maria : elle a pu se tromper [2], ou plutôt, puisque nous n'avons pas le texte authentique de ses prédictions, ses confesseurs, qui seuls en ont rapporté quelque chose, ou bien ceux qui ont entendu leurs récits, ont pu se tromper en répétant inexactement [3].

1. Concordance, 2e édit., p. 151, n° 94.
2. Conc. p. 57.
3. Nos lecteurs nous sauront gré de rapporter ce qu'a dit le Saint-Père de cette vénérable servante de Dieu, dans une allocution au Conseil et aux collecteurs de l'Archiconfrérie du Denier de Saint-Pierre, le 16 juillet 1871.

Remarquons toutefois que, si ce détail prophétique doit être rejeté comme faux en ce qui regarde la durée complète et exacte du règne de Pie IX, il conserve toujours une certaine valeur, parce qu'il a prédit implicitement ce fait extraordinaire et unique de l'histoire : le pontificat de saint Pierre à Rome atteint et dépassé par Pie IX. Assurément, dans les années 1851, 1865 et 1866, dates de la publication de plusieurs Vies d'Anna-Maria, on ne pouvait pas deviner que l'illustre Pontife régnerait 25 ans et plus [1].

« Le bel exemple que vous avez donné a produit les plus beaux fruits, et le monde entier a désormais pris part à cette démonstration de foi et de charité qui est le fait si providentiel dont Dieu veut se servir pour subvenir aux graves besoins du Saint-Siége dans cette terrible épreuve. Il y avait un bon vieux prêtre, Mgr D. Raffaele Natali, grand zélateur et procurateur de la cause de la V. Anne-Marie Taïgi (que le prince Chigi, votre président, connut beaucoup et auquel il fut d'un très-grand secours). Ce bon ecclésiastique nous racontait des choses étonnantes de cette servante du Seigneur, et, entre autres, diverses prédictions qui avaient rapport aux temps actuels. Quant à nous, *nous ne nous fions pas trop aux prophéties qui courent*. Celles-ci cependant sont mentionnées dans le procès, et le Saint-Siége en jugera. Nous ne les avons pas lues ; mais ce bon ecclésiastique a dit plusieurs fois que la vénérable, en parlant du temps que nous voyons, disait qu'un moment viendrait où le Saint-Siége serait obligé de vivre des aumônes du monde entier ; mais que l'argent ne manquerait jamais !... *Il faut avouer qu'il serait bien difficile de ne pas reconnaître la justesse d'une telle prédiction.* Quant à moi, je vous félicite d'être les coopérateurs de la Providence dans ce fait vraiment étonnant par lequel Dieu montre visiblement l'assistance qu'il prête à son Eglise. Remercions donc le Seigneur et prenons-en occasion de ranimer notre courage en priant et en espérant toujours de plus en plus... » — Discours, etc., t. Ier, p. 192.

1. On nous a signalé un second démenti *de détail : La Sœur Pro-*

En même temps, se trouve aussi complétement dé-
mentie la date hypothétique de 1873 que nous avions
proposée comme l'année des grands événements. Cette
année est écoulée, et nous n'avons rien vu de ce que
nous attendions.

Faut-il accuser les prophéties ? Nullement.

Les prophéties n'ont parlé ni dé 1872, ni de 1873, ni
de 1874, ni de n'importe quelle autre année. Ces différentes dates sont le résultat des calculs plus ou moins
justes des divers commentateurs.

Faut-il blâmer les interprètes qui se sont trompés, et
les tourner en dérision ? Avant de rire, voyez à qui vous
avez affaire.

Pour ce qui me regarde, comme je ne me prétends
pas interprète prophétisé et encore moins prophète, j'ai
dit à l'avance que je pouvais fort bien me tromper en
mes calculs et rapprochements de textes et de dates,
tout en avouant que j'en serais surpris , parce que la
concordance des dates et des textes prophétiques me
paraissait donner un résultat lumineux.

Mais je ne savais pas alors qu'un des principaux élé-

---

vidence de Blois est morte. Or elle avait toujours affirmé qu'elle
verrait les grands malheurs avant de mourir ; que la Sœur Marianne
le lui avait assuré. Ce démenti ne tire pas à conséquence. On ne
saurait conclure rigoureusement que si l'une ou l'autre Sœur s'est
trompée en ce point, elle a pu tromper dans les autres. C'est possible ; mais ce n'est pas nécessairement certain. L'une a pu voir et
l'autre rapporter très-exactement les faits les plus saillants, les
grands faits de la révélation prophétique, dans lesquels, du reste,
elles sont d'accord avec plusieurs autres prophètes, et l'une et
l'autre ont pu se tromper dans *ce détail* fort peu important, sur
lequel nous n'avons que leur unique témoignage.

ments de mon calcul était faux : les 27 ans 1/2 du règne de Pie IX.

J'avais pris de préférence, comme dates régulatrices des événements, les trois années de Mélanie et surtout de Marie Lataste, parce qu'elles s'harmonisaient très-bien avec cette durée prétendue, et que, n'ayant pas d'époque nettement déterminée ni pour leur commencement ni pour leur fin, elles donnaient plus de facilité à la concordance de toutes les autres dates. Puis enfin l'adage « *in medio veritas* » me semblait applicable à des dates qui variaient de 2 ans à 5 ans.

On ne peut pas raisonnablement jeter la pierre au commentateur sérieux des prophéties privées, quand il se trompe dans une supputation d'époque, puisqu'il n'a pour base de ses calculs que des dates dont les points de départ et d'arrivée sont, avant les faits, incertains, discutables, d'application difficile. Il faudrait blâmer et ridiculiser également tous les interprètes des saintes Écritures. La Bible donne aussi des dates et des chiffres précis. La divine inspiration et l'intégrité de son texte sont garanties par l'infaillibilité de l'Eglise. Néanmoins les commentateurs discutent encore, longtemps après les événements réalisés, et sur l'âge exact du monde, et sur l'époque certaine du déluge, et sur le commencement et la fin des 70 semaines de Daniel, et sur la date véritable de la naissance et de la mort de Notre-Seigneur ! Comment serions-nous plus habile, quant aux dates, nous qui, longtemps avant les événements, raisonnons et calculons sur des textes prophétiques peut-être altérés, ou interpolés, ou faux ?

II.

ACCOMPLISSEMENT. FAITS PRINCIPAUX.

Les prophéties modernes se sont accomplies dans plusieurs de leurs principaux faits.

1° *Accroissement continu de la puissance du mal.* — S'il est un fait évident et qui frappe les yeux les moins ouverts, c'est celui-là. Depuis la première publication de mon opuscule, juillet 1871, quel chemin le mal n'a-t-il pas fait ? Sa puissance s'accroît de jour en jour. Dans l'ordre religieux, social et politique, elle gagne de plus en plus du terrain dans les esprits et les cœurs. Et si vous n'en voulez croire ni mes paroles, ni vos propres impressions, la parole de Pie IX vous prouvera l'accomplissement de cette prophétie :

« La société est *bien malade* », disait le saint Pontife en octobre 1871 [1]. « Ce n'est pas seulement pour la ville de Rome qu'il faut prier, mais pour *le monde entier, car partout le mal fait d'effrayants progrès* [2]. » Regardez à quoi la société est réduite, et vous verrez qu'elle n'est certes point *aveugle* comme la société ancienne, mais que c'est une société qui a *apostasié...* Ceux qui gouvernent la société sont sous la puissance de Satan [3]. »

« Il est certain que la société éprouve chaque jour de nouveaux dangers..., que *le désordre a pris des proportions telles,* que nous pourrons difficilement espérer le

1. Et encore en janvier 1872 (v. p. 42) — pour octobre 1871, v. Discours, p. 253.

2. Allocut. à plusieurs personnes, 28 octobre 1871. — Voix proph., t. II , p. 432.

3. Allocut. aux élèves des Colléges étrangers, 15 décembre 1871. — Discours, p. 287.

calme et la tranquillité [1]. » — « On peut bien dire que *toute la terre est en proie à l'esprit de désordre* [2]. »

2° *Guerres, catastrophes et fléaux de tous genres dans l'ordre physique et dans la société civile.*—Hélas! c'est encore là un ensemble de prédictions trop bien accomplies.

Je ne veux point vous faire une nouvelle nomenclature de tous les faits désolants que vous avez lus, jour par jour, dans les feuilles publiques, et les incendies terribles dans l'ancien et le nouveau monde, et les catastrophes répétées en mer, et les centaines de passagers engloutis, et les tremblements de terre, et les inondations, et le choléra se promenant toujours d'Asie en Europe, et la peste sur les animaux, et les insectes dévastant les fruits de la terre, la chenille s'attaquant aux arbres fruitiers, le phylloxera détruisant la vigne dans le midi de la France et s'avançant vers les provinces du Centre, et un nouvel ennemi, le chrysomela [3], dévorant la pomme de terre en Amérique et jetant l'inquiétude en Europe, et enfin la famine, non-seulement dans le continent asiatique, en Perse, dans l'Anatolie et dans l'Inde, mais à nos portes, en Italie, la faim, en plein XIXe siècle, au centre de la civilisation, forçant les Italiens à émigrer en masse, et faisant des victimes sur tous les points de la péninsule.

L'Espagne est en guerre civile. Là comme partout la Révolution lutte contre la justice et le droit.

En France, la guerre civile est dans les esprits, en attendant qu'elle passe dans les faits, et qu'en même temps l'Allemagne nous apporte la guerre étrangère.

La parole de Pie IX va confirmer encore l'accomplis-

1. V. p. 41. — 2. V. p. 42.
3. Voir *Monde*, 26 mars 1874.

sement des prophéties, et appuyer ce qu'elles ont dit :
ces fléaux sont le châtiment des péchés des hommes.

« Priez Dieu de nous délivrer de tant de fléaux. Vous
savez que le plus grand de tous, c'est l'usurpation ;
mais les éruptions des volcans, les inondations, les
tremblements de terre, les insectes qui dévorent les
productions les plus nécessaires aux peuples, ne sont
pas moins de fléaux non plus [1]. »

« Ces fléaux sont autant de voix par lesquelles Dieu
« nous rappelle à l'observation de nos devoirs. Les plus
« terribles châtiments de Dieu sont les fléaux moraux,
« que vous ne connaissez que trop aujourd'hui. Il n'y
« a rien de pire que d'être révolutionnaire [2]. »

« Bien qu'on ne puisse mieux faire que de puiser
« de grandes consolations dans les paroles que je viens
« d'entendre et dans les événements auxquels on vient
« de faire allusion, nous ne pouvons pas néanmoins nous
« cacher la situation difficile où la société se trouve
« placée en ce moment. Dieu voit tant de belles œuvres,
« et cependant il semble encore courroucé contre nous.

« On pourrait dire que comme le Tout-Puissant se sert
« de toutes les créatures, même des animaux, pour
« punir les péchés des hommes, il veut se servir à cette
« époque — (heureuse, si on considère tout ce que vous
« venez de dire ; très-malheureuse, si on examine les
« actions et les projets des impies) — on pourrait dire, je
« le répète, qu'il a ordonné à certains éléments de se
« déchaîner contre l'homme pour le châtier et lui don-

---

1. Allocut. aux représentants des diocèses, 21 juin 1872. — **Disc.**
p. 454.

2. Allocut. à la députation d'Albano, 11 juillet 1872. *Monde*, 16
juillet 1872.

« ner de tels signes de sa puissance, qu'ils viennent le
« rappeler, si c'est possible, à l'exercice de ses devoirs.
« Je dis, et je le dis publiquement, que : *ignis*, *grando*,
« *nix*, *glacies*, *spiritus procellarum*, oui, que toutes ces
« créatures inanimées écoutent la voix de Dieu : *audiunt*
« *verbum Domini*.

« On ne saurait nier que depuis le 20 septembre *fatal*
« — (et cette appellation *de fatal* convient véritablement
« à cette date) — les éléments ont obéi à la main de Dieu,
« et qu'il s'en est servi non plus comme un tendre père,
« mais comme un juge sévère. Des villes dévorées par
« les flammes en Amérique, des ouragans sur toute la
« face de la terre, le feu qui sort des volcans, et celui
« que les impies allument dans leurs desseins perfides
« de destruction : tous ces fléaux détruisent les villes et
« dévorent les produits de la terre. Oui, Dieu se montre
« irrité partout. Les ouragans dévastaient naguère la
« Sicile ; nous les avons vus parcourir les côtes de l'Al-
« lemagne, et tout ne semble pas encore fini en ce
« moment même. Il n'y a pas longtemps, ces mêmes
« instruments de justice de Dieu se montraient en
« France, en Angleterre, partout. Le Tout-Puissant par
« ces fléaux sembla dire aux hommes d'Etat : Rappelez-
« vous qu'il y a un Dieu, et qu'il vous défend de con-
« duire la société dans les précipices où vous voulez
« l'entraîner ; rappelez-vous que si ces éléments obéis-
« sent à ma voix, vous avez un devoir bien plus grand
« encore de l'écouter et de lui porter obéissance [1]. »

— « Vous aurez sans doute remarqué qu'en ces jours

1. Allocut. aux anciens employés des ministères de l'intérieur, du commerce et des finances, 22 décembre 1872. — *Univers*, 26-27 décembre 1872.

« Dieu fait pompe, pour parler ainsi, de sa justice, en
« frappant de tant de fléaux la pauvre Italie. Tout
« d'abord c'est la Révolution qui détruit sans édifier,
« qui accable sans jamais soulager..... Cependant nous
« voyons accroître sensiblement les fléaux. Il semble
« que depuis la funeste brèche de Porta Pia Dieu leur
« ait donné un libre cours, comme pour signifier que
« l'enlèvement de Rome aux Souverains Pontifes a été
« le signal de l'accroissement et de l'extension du règne
« de la désolation et la mort. D'abord nous avons eu les
« inondations du Tibre, suivies d'autres inondations sur
« plusieurs points de la péninsule. Dans le midi de
« l'Italie, le feu volcanique a occasionné autour de lui
« des dommages considérables. Une maladie extermi-
« natrice du jeune âge a moissonné d'innombrables
« victimes... Sur plusieurs points la grêle a causé des
« ravages, et le fléau asiatique se présente pour avertir
« les hommes de se préparer par la pénitence. *ut fugiant*
« *a facie arcûs* [1]. »

« Et comme si tout cela n'était pas un motif suffisant
« pour se tourner vers Dieu, voilà que Dieu lui-même
« regarde la terre d'un air indigné, *et facit eam tremere* [2].
« Tous ces châtiments, il n'y a pas à en douter, sont
« appelés par les injustices énormes de ceux qui ont abusé
« de la force. Je ne dirai pas que deux de ces châtiments,
« à savoir le choléra et le tremblement de terre, furent
« représentés par les deux sections de la *droite* et de la
« *gauche*; mais je dirai que c'est à cause de leurs péchés
« qu'ils sont venus fondre sur l'Italie, et que Rome en

1. Pour qu'ils s'enfuient devant l'arc.
2. Il la fait trembler.

« particulier est désolée de tant de maux qui frappent
« tout le monde indistinctement. Ces châtiments
« endurcissent peut-être le cœur des coupables, mais ils
« n'en doivent pas moins engager les opprimés à tenir
« les yeux ouverts et à les tourner vers Dieu [1]. »

« Regardez autour de vous, et considérez les maux
« qui nous assaillent de toutes parts : maux physiques
« et moraux, maux envoyés par la colère de Dieu et
« maux produits par la malice des hommes, et que
« j'appellerai pour cela artificiels. Il n'est pas nécessaire
« que je répète ici en détail l'histoire de tant de maux.
« Il ne suffit que trop de les énumérer. Ainsi, parlant
« des maux physiques, vous trouvez le spectacle funè-
« bre des inondations, des tremblements de terre, des
« tempêtes exterminatrices, des pestes et d'autres cala-
« mités publiques.

« Parlant des moraux, vous voyez se présenter à vous
« le tableau infernal de l'immoralité triomphante, du
« blasphème libre et impuni, de l'hérésie soutenue
« publiquement, de la licence de l'enseignement, de la
« persécution (si goûtée par les impies en Italie et hors
« de l'Italie) contre les ministres du sanctuaire, et de
« tous les hommes qui conservent dans sa plénitude la
« foi catholique. Enfin, parlant des maux qui pro-
« viennent des hommes constitués en autorité, vous
« trouverez des impôts, des injustices et des vexa-
« tions, leur facilité à encaisser l'argent et la lenteur
« à payer ce qui est dû, beaucoup de choses en voie de

---

1. Allocution aux divers ordres de la prélature, juillet 1873. —
Univers, 12 juillet 1873.

« destruction, et peu ou rien en voie d'édification [1]. »

— Mais, disent les esprits forts, il y a eu des fléaux à toutes les époques de l'histoire. — C'est vrai ; seulement ils oublient qu'à toutes les époques les hommes ont mérité, plus ou moins, d'être châtiés. Mais n'est-il pas fort étrange, et d'où vient cela, qu'en nos temps de lumières et de progrès physique, d'admirables découvertes et de puissance sur la matière, les hommes de science ne soient pas moins désarmés en face de nos fléaux nouveaux, mystérieux, réitérés, que ne l'étaient jadis les hommes de foi, aux âges dits de ténèbres, devant ceux qui les frappaient ?... Ces derniers du moins comprenaient la cause du mal : ils se convertissaient ; comme Israël ils criaient au Seigneur et étaient promptement délivrés. Vous, hommes de ce siècle, qui prétendez tout faire et tout obtenir par la science, vous ne vous occupez que de chercher la cause naturelle du fléau pour y trouver le remède humain. Et cependant des années s'écoulent, le fléau grandit, vos récoltes sont ravagées, vos pertes sont immenses. Puis, quand vous avez enfin rencontré un palliatif quelconque, quand vous criez victoire, le lendemain le fléau change d'allures, c'est un nouvel ennemi qui fait encore plus de mal que le premier. Vous êtes une fois de plus devant l'inconnu, vos remèdes sont inutiles ; tout est à recommencer. Le Seigneur se moque de vous : il se sert des infiniment-petits pour confondre l'orgueil infiniment grand de ce siècle. Prenez garde ! après la vigne, après la pomme de terre, le blé aussi peut être attaqué par quelqu'un de ces pucerons microscopiques. Alors

1. Allocut. aux représentants des Sociétés catholiques de Rome 18 septembre 1873. — *Univers*, 26 septembre 1873.

ce sera pour la France, et d'autres contrées sans doute, l'accomplissement des prophéties de la Salette [1].

Si les deux années qui viennent de s'écouler n'ont pas été aussi terribles que les prédictions paraissaient le faire craindre, si nous n'avons pas été frappés par des fléaux aussi nombreux et aussi redoutables que d'autres nations, l'Italie, par exemple, nous le devons aux pèlerinages, aux prières publiques et privées, aux associations catholiques. Dans ces années 1872 et 1873, la France a montré un élan de foi, d'esprit de prière et de réparation, de vie surnaturelle, inouï jusqu'alors.

En ce détail se sont accomplies les prophéties qui annonçaient la diminution des maux prédits, si l'on priait, si l'on convertissait.

3°. *Humiliation et persécution générale de l'Eglise.* — *Schisme.* — Qui peut contester l'évident accomplissement de cette prédiction ? L'Eglise est humiliée et persécutée dans l'ancien et le nouveau monde. La puissance du mal se soulève partout contre elle : en Allemagne, en Suisse, en Autriche, en Italie, en Espagne, en Turquie, aux Indes, en Chine, au Tong-King, au Japon, au Brésil, au Mexique, au Pérou, dans le Vénézuéla. En France, il tient à bien peu de chose que la persécution n'ait un libre cours ; la propagande anti-religieuse et anti-sociale fait grandir dans les populations une haine contre le clergé qui d'un moment à l'autre peut se manifester par d'effroyables massacres. Le but de tous les efforts de la Révolution, c'est la destruction de l'Eglise catholique. Aussi Pie IX répète-t-il souvent que l'Eglise n'a aucun secours à attendre des autorités de la terre qui se sont

---

1. Concordance, p. 138, n° 74.

mises à flatter la Révolution. L'Eglise et la Papauté sont entièrement abandonnées. Les gouvernements qui ne les oppriment point les regardent comme un embarras dont ils cherchent à se délivrer le plus commodément possible. L'humiliation est complète.

Nous avons vu se produire les deux schismes des vieux-catholiques et des arméniens.

Des paroles toutes récentes de Pie IX confirment ce que nous venons de dire :

« On a répété, bien des fois déjà, que pour surmonter
« les calamités des temps présents, il était nécessaire
« de recourir à la prière et d'implorer Dieu avec une
« constance inébranlable. *Aujourd'hui que les périls*
« *croissent de plus en plus, que notre sainte religion est*
« *attaquée de toutes parts*, il est besoin de joindre à la
« prière le zèle et l'action pour le salut des âmes [1]. »

« Soyez bénis pour le noble langage dans lequel
« vous exposez avec une saisissante vérité les misères
« présentes de l'Eglise. Vos paroles ont quelque chose
« qui approche des lamentations de Jérémie, et vous
« avez fait le tableau le plus fidèle de l'état de désola-
« tion où se trouve maintenant l'Eglise catholique...
« Les ennemis du bien s'efforcent sans relâche d'établir
« le règne de l'enfer [2]. »

III.

ACCOMPLISSEMENT DES DÉTAILS.

Il est difficile de ne pas reconnaître que plusieurs

1. Allocution aux Dames de l'Association du Cœur de Marie, 8 mars 1874. — *Monde*, 9 et 10 mars 1874.

2. Allocution à des catholiques de l'univers, avril 1874. — *Univers*, 9 avril 1874.

détails prophétiques se sont parfaitement réalisés.

1° Rappelons d'abord avec quelle précision se sont accomplies les prophéties[1] annonçant que le Pape serait dépouillé de ses Etats et perdrait tout pouvoir temporel.

2° Nous avons déjà constaté l'accomplissement de ces trois détails : la haine toujours croissante des populations contre le clergé, la diminution des fléaux à cause des prières, et la longueur extraordinaire du règne de Pie IX dépassant celui de saint Pierre à Rome.

3° La Sœur Rosé-Colombe avait annoncé que, dans la persécution contre l'Eglise, *on commencerait par les Jésuites*, et que les Ordres religieux seraient dépouillés de leurs biens. Ces détails sont accomplis à la lettre en Allemagne, en Suisse et en Italie.

4° Il avait été prédit que l'Eglise serait sans défenseur ; Rome dans la tristesse et la désolation, environnée d'ennemis de toutes parts. Le Saint-Père nous apprend lui-même « qu'il n'y a rien à espérer, rien à attendre de ce monde, des autorités de la terre, d'un soi-disant

---

1. Entre autres : 1° la prophétie *placentienne* (Concordance, p. 161, n° 106) ; 2° la prophétie *augustinienne* (Concordance, p. 149, n° 88). Cette prophétie a été imprimée au XVIe, au XVIIe et au XIXe siècle, en 1855 et 1860. Deux respectables ecclésiastiques en ont donné chacun un texte latin dans l'*Univers* des 4 et 9 juin 1872, et affirment l'avoir entre les mains depuis 1848 et 1857. De ces textes l'un est évidemment l'abrégé de l'autre : ils offrent quelques variantes. Mais tous deux, ainsi que les traductions françaises que nous possédons et qui sont faites sur d'autres textes ayant aussi quelques variantes, s'accordent à dire : que Rome perdra le sceptre par la persécution des faux philosophes, que le Pape sera tenu en captivité par les siens, et que l'Eglise de Dieu sera dépouillée de ses biens temporels. *Roma amittet sceptrum propter persecutionem pseudophilosophorum. Papa a suis captivabitur. Captivus erit a suis. — Ecclesia Dei bonis temporalibus spoliabitur.*

gouvernement d'Italie, de Madrid, de Paris, etc. [1]. Et Rome, au vu et au su de tout le monde, est bien dans la tristesse et la désolation, enveloppée par ses ennemis comme un oiseau dans un filet.

5° Saint Malachie a désigné Pie IX par cette expression : *Crux de Cruce ;* la Sœur Rose-Colombe se sert du mot « crucifiement » pour exprimer les douleurs du Souverain Pontife. Tout cela est accompli, et le Pape lui-même va nous l'affirmer :

« Il n'est pas vrai de dire que je souffre sur *mon calvaire* les peines que Jésus endura sur le sien , et ce n'est que d'une certaine manière qu'on peut dire que se renouvelle en moi *en figure* tout ce qui s'est accompli en réalité dans la personne du Rédempteur..... Si mon âme est travaillée par les angoisses *du crucifiement*, ce n'est qu'au souvenir de tant d'âmes qui se perdent misérablement dans les malheureuses circonstances actuelles. *Dans cette agonie,* je ne trouve de véritables consolations que lorsque je vois des âmes d'une force et d'un courage invincibles, etc. [2]. »

« Tout le monde le sait : saint Pierre termina ses jours sur une croix. *Une croix nous est aussi offerte à nous-même.* Je ne dirai pas une *croix matérielle,* mais une croix que la nature se résigne difficilement à porter : je veux dire les souffrances. Comme saint Pierre, lorsque j'étais jeune, je pouvais aller, moi aussi, librement où je voulais ; mais aujourd'hui que je suis vieux, je ne le

---

1. Allocution aux employés du Ministère du commerce et des travaux publics, 13 juillet 1872 — *Univers,* 17 juillet 1872. — Voir aussi p. 39 et 43.

2. Allocut. à une Congrégation d'Enfants de Marie, 5 août 1871. — Discours, etc., p. 211.

puis pas, parce que l'impiété m'empêche d'être libre administrateur de l'Eglise de Jésus-Christ [1]. »

6° La prophétie augustinienne et Mélanie ont prédit la captivité du Pape. Et nous voyons réellement Pie IX retenu captif par les siens. Et Pie IX le dit tout haut :

« Vous êtes venu voir celui qu'on appelle *le prisonnier du Vatican*. Et vraiment je le suis... Je suis moralement incarcéré, car il me serait impossible de sortir d'ici sans voir ma personne et ma dignité offensées [2]. »

7° Marie Lataste et Anna-Maria Taïgi ont annoncé que Pie IX survivrait à tous ses ennemis, qu'il les verrait disparaître les uns après les autres. Or la vie et le pontificat de Pie IX se prolongent d'une manière étonnante, et ses ennemis tombent successivement les uns après les autres : Cavour, Mazzini, Napoléon, Rattazzi sont morts.

8° Le vénérable Père Bernard-Marie Clausi [3] a dit que, avant le châtiment des impies et le triomphe de l'Eglise, le mal aura fait de tels progrès dans le monde, qu'il semblera *que les démons soient sortis de l'enfer*, tant sera grande la persécution des méchants contre les justes.

Ecoutons comment Pie IX nous montre l'accomplissement de cette parole :

« La pauvre France a pu voir où aboutissent ces belles maximes (du libéralisme catholique), Paris surtout, au milieu des horreurs des communards qui par les meur-

1. Allocut. à tous les employés du ministère des finances, 4 juillet 1872. — Discours, p. 476.

2. Allocutions des 8 mars et 17 déc. 1871. — Discours, p. 68 et 289.

3. C'est la véritable orthographe de ce nom, paraît-il, et non pas Clauti, comme nous avons écrit dans la Concordance.

2**

tres et les incendies se montrèrent *semblables à des démons sortis de l'enfer* [1].

« Maintenant *les démons ont pénétré* jusque chez nous (dans Rome), en entrant non pas par les fenêtres, mais par les portes qu'ils ont brisées, et ils sont venus pour faire leur œuvre, c'est-à-dire pour nous troubler, nous opprimer par leurs persécutions et leurs suppressions [2]...

... Que l'ennemi commun qui est le démon ne les (les enfants) entraîne pas à leur perte et avec lui les *démons incarnés qui parcourent impunément les rues de cette sainte cité* [3]. Si je ne me trompe, le *démon a aujourd'hui* (comme au temps de Job) cette *liberté de parcourir le monde* et de frapper toutes les âmes [4]. D'où vient cette haine... sinon de Satan lui-même et de *ses satellites incarnés dans l'homme*, et qui voudraient déraciner la foi, et détruire, s'il était possible, jusqu'aux dernières traces « du catholicisme [5].

Ces paroles du Saint-Père nous font comprendre comment pourront s'accomplir les prédictions de la Vénérable Elisabeth Canori-Mora. (*Concordance*, p. 125, n° 49.)

9° Ce que les feuilles publiques nous racontent depuis deux ans du peu de sécurité personnelle qu'on trouve en Espagne et en Italie, est l'accomplissement pour ces contrées de ce qu'avait prédit Jean de Vatiguerro. (*Concordance*, p. 114, n° 29.)

1. Allocution à la députation française, 18 juin 1871. — Discours, etc., p. 136.

2. Allocution aux Supérieurs des Congrégations monastiques, 22 août 1871. — Discours, etc., p. 214.

3. Allocution du 28 janvier 1872. — Discours, p. 328.

4. Allocution aux Romains, 26 février 1872. — Discours, p. 158.

5. Allocution aux Généraux d'Ordres religieux, 12 juin 1873. — *Univers*, 18 juin 1873.

10° Ce temps d'arrêt où nous nous trouvons en France depuis 1871, cette attente miséricordieuse du Seigneur dont nous abusons, avaient été prophétisés par Mélanie. (V. *Concordance*, p. 108, n° 14.)

11° La confusion annoncée dans l'ordre politique n'a fait qu'augmenter depuis 1872. Nos politiques, vraiment ne *s'entendent plus.* Ils paraissent un moment s'unir pour un vigoureux effort, et le lendemain ils sont plus divisés que jamais. Quel résultat sérieux pour le salut de la France est donc sorti de cette Chambre pourtant la plus honnête et la plus monarchique qui ait jamais été nommée ?..... A plusieurs reprises les habiles ont su jeter parmi ses membres le trouble et la désunion, et les *empêcher de s'entendre.*

12° A la fin de l'année dernière, « tout semblait prêt et acquis » pour le rétablissement à jour fixe de la royauté légitime et du retour de Henri V. La France entière le croyait, et l'attendait. Mais il avait été prédit que le « grand monarque que Dieu nous garde » ne viendrait s'asseoir sur le trône de ses pères qu'à la suite de crises terribles et de catastrophes ; qu'il serait amené non par l'habileté des hommes, mais par l'intervention de la justice et de la miséricorde du Seigneur. Au dernier moment, tout a manqué. Le roi est venu, mais les siens n'ont pas voulu le recevoir ; et la France anxieuse ignore quel avenir l'attend. Les prophéties s'accomplissent en bien des points. Et encore en ce détail : « la venue du grand monarque sera prochaine lorsque le nombre des légitimistes restés vraiment fidèles sera tellement petit qu'à vrai dire on les comptera ». Les prophéties s'accompliront jusqu'au bout.

IV.

TRIOMPHE MOMENTANÉ DES « MÉCHANTS », INTERVENTION DIVINE, TRIOMPHE DE L'ÉGLISE.

Ici nous sommes en face de l'avenir, d'un avenir qui semble prochain. Il est difficile de ne pas redouter, quant au premier point du moins, qu'il ne se réalise selon les prédictions des prophéties.

Qui pourrait donc, à l'heure qu'il est, humainement empêcher le triomphe des « méchants » sur l'Église et la société !... Certes, ce ne sera ni l'Assemblée, ni le septennat, ni même un stathoudérat quelconque, pauvres et faibles digues, travail d'enfants, par lesquelles les conservateurs des biens de la terre, avant tout, se proposent d'arrêter les eaux débordées et toujours montantes du mal. Oui, vous arriverez peut-être à cela, que vous désirez depuis longtemps : vous garderez ou bien à nouveau vous placerez à votre tête un prince ou un duc pour transformer la république en la monarchie de votre cœur. On dira : C'est l'Empire qui reparaît; ou bien : C'est la royauté de 1830 qui revient. « Les choses vont rester comme cela. » Et vous accomplirez ce qui a été prédit : « ce ne sera pas celui qu'on croira qui régnera » ; et « alors auront lieu les grands événements [1]. » Vous serez emportés, vous et vos œuvres, dans l'effroyable tempête; et les « méchants » seront les maîtres pour un moment de l'Église et de la société.

Dieu interviendra d'une manière terrible, évidente, pour détruire tous ses ennemis, et sauver la plus grande partie des bons.

---

1. Concordance, p. 106 et 208.

Je crois à ces événements, non-seulement à cause de l'accord des prophéties, mais de plus pour des raisons d'un autre ordre qui, à mon sens, donnent aux prédictions la plus grande probabilité d'accomplissement.

Les « bons », c'est-à-dire les vrais et complets catholiques, achèvent maintenant de mériter et de préparer leur salut et leur triomphe.

Dans la révolution de 1793 qui a détruit l'ancienne société, les « bons » furent presque tous écrasés par les « méchants ». Pourquoi cette rigueur de Dieu envers les siens? Parce que dans le xviiie siècle les catholiques, n'avaient rien fait ou presque rien pour que, devant la justice divine irritée contre une société longtemps coupable, leur cause fût séparée de celle des « méchants ». Dans le xixe au contraire, les catholiques, clergé et fidèles, ont travaillé courageusement et constamment, malgré des difficultés sans nombre. Rappelez-vous nos œuvres :

Les missions à l'intérieur et les missions étrangères, le rétablissement des grands et des petits séminaires et des collèges catholiques, l'œuvre admirable de la Propagation de la Foi, les prédications de Notre-Dame de Paris, les luttes pour la liberté d'enseignement, les grands travaux sur l'histoire de l'Église, le journalisme catholique, le retour des esprits et des cœurs vers Rome, le rétablissement de la liturgie romaine, le dévouement au Saint-Siége et l'amour pour le Pape, le Denier de Saint-Pierre, les zouaves pontificaux, le réveil et les progrès de la piété chrétienne, la dévotion universelle et enthousiaste pour saint Joseph, pour la Vierge immaculée, pour le Sacré-Cœur, la restauration et la reconstruction d'un nombre immense d'églises et de basiliques, la résurrection

et la ferveur des Ordres religieux d'hommes, la multi-
plication et le dévouement des congrégations de femmes,
les conciles provinciaux, le Concile du Vatican, l'hé-
roïsme et la sainteté de Pie IX, et en ces derniers temps
l'union de l'épiscopat avec son chef, des prêtres avec
les évêques, le courage des pasteurs et des fidèles devant
la persécution, les pèlerinages, les prières publiques et
officielles, les Congrès catholiques, et pour compléter
tout, la « soumission ostensible, joyeuse et absolue » à
tous les enseignements de l'*Église*. C'était le dernier poids
à mettre dans le plateau de la miséricorde. Les catholiques ont payé et paient tous les jours, pour la cause de
Jésus-Christ, de leurs prières, de leur or, de leurs personnes et de leur sang. Et avec tout cela, ils sont calomniés,
haïs, persécutés, et ils ne se découragent pas. Est-ce
que les Anges protecteurs de l'Épouse du Christ et de
ses enfants, prenant en main leur défense, n'ont pas
déjà crié vers Dieu : *Judica..... Deus, et discerne cau-
sam meam :* Jugez, ô Dieu, et séparez notre cause de
celle de cette société impie et prévaricatrice, de ces
hommes remplis d'iniquités et de tromperies. La réponse
a été faite : « Espérez » : *Spera in Deo* [1].

Donc le Seigneur les secourra, les sauvera et leur
donnera le triomphe attendu.

Mais, direz-vous, les méchants ne profiteront-ils point
de toutes ces œuvres des bons, et surtout des dernières ?
N'est-il pas permis de supposer que la société sera pré-
servée de nouvelles catastrophes et rentrera sans autres
secousses dans l'ordre et la tranquillité ?... Dix justes
auraient sauvé Sodome !...

1. V. p. 39.

Tout en le désirant beaucoup, je ne crois point à ce résultat.

D'abord les habitants de Sodome étaient bien moins coupables que nous : ils n'avaient pas autant de lumières et de grâces. Moralement notre société est aussi criminelle qu'eux, et intellectuellement mille fois davantage : elle ferme volontairement et obstinément les yeux à l'éclat de la vérité et de la sainteté. Puis, en vertu de la grande loi de la réversibilité des mérites que vous invoquez, les méchants ont déjà été ménagés à cause des œuvres des bons ; car les fléaux ont été diminués, ils ont frappé moins fortement et moins généralement.

Mais surtout le Seigneur a donné aux « méchants » des délais réitérés pour se convertir et « rentrer dans ses voies ». Voyez en effet. Après la grande Révolution, la période de paix et de prospérité de la Restauration nous est accordée ; après les craintes de 1830, les années de tranquillité et de progrès matériels de Louis-Philippe ; après les avertissements menaçants de la Salette et le terrible craquement de 1848, le temps d'ordre extérieur de Napoléon III. Quel profit la société, quels fruits de conversion ou d'amélioration ses chefs et le plus grand nombre de ses membres, ont-ils fait de ces attentes miséricordieuses de Dieu ? On s'est enfoncé de plus en plus dans la perversité intellectuelle et morale. Après les coups de tonnerre de 1870 et de 1871, un délai de quelques années nous est encore octroyé.

Que fait-on pendant ces jours si précieux ? Qui donc se convertit, qui donc songe sérieusement à retourner à Jésus-Christ et à son Église, parmi les gouverneurs et les conducteurs de la société et la masse du peuple ? On est devenu plus mauvais, on multiplie les péchés du cœur et de l'esprit. Ce sont ceux qui étaient bons déjà, qui s'efforcent de devenir meilleurs, qui affermissent et affirment chaque jour davantage leur foi et leur charité. Les autres se pervertissent de plus en plus. D'où je crois pouvoir conclure qu'ils n'échapperont point à un dernier et épouvantable châtiment. La sagesse et la justice de Dieu le demandent.

Car si les méchants en étaient quittes pour ce que nous avons vu, si encore cette fois l'ordre et la paix reprenaient, à l'extérieur, le dessus dans notre société et se prolongeaient sans de nouvelles et plus terribles secousses, plus que jamais on s'éloignerait de Dieu, plus fort que jamais les « méchants » diraient : « Il n'y a pas de Dieu, l'idée de Dieu est inutile pour maintenir et diriger les nations ; notre force et notre habileté suffisent ; c'est le bras humain, notre bras, qui nous a toujours sauvés ». Le mépris de Dieu, la révolte contre Dieu reviendraient universels. Si donc Dieu se taisait, si la puissance du mal s'affermissait dans sa victoire sur l'Eglise et la société chrétienne, si elle durait avec la paix intérieure et l'ordre matériel, ce que veulent surtout les chefs et les habiles, alors ce serait, avant dix ans, l'antechrist, le dernier combat de l'Eglise, la fin du monde. Est-ce que nous serions si près de cette terrible époque de l'humanité ? Les événements vont-ils marcher aussi vite ? Non, je l'espère. C'est une loi providentielle, démontrée par l'histoire, que l'Eglise, après une persécution, obtient toujours la victoire et un temps de repos proportionné au combat. Or, depuis près de quatre siècles, dans des phases diverses, l'Eglise soutient une guerre, la plus acharnée, la plus habile et la plus générale de toutes. Cette lutte touche à son dernier période, et aucun jour de triomphe et de paix n'a encore commencé à luire. Donc il viendra bientôt.

Mais il paraît certain que, en ce moment, aucune force humaine, aidée du secours ordinaire de Dieu, n'est capable de dompter la force grandissante du mal et de l'arrêter dans ses progrès.

L'action des sociétés secrètes se développe et se fortifie chaque jour davantage. Toute la puissance humaine est entre leurs mains. Elles ont : la force militaire par la Prusse qui est aujourd'hui leur bras droit ; la force politique, par la complicité et la lâcheté des gouvernements ; la force de l'opinion, par les journaux qui la forment et la dirigent, et qu'elles possèdent ou soudoient presque tous ; la force du nombre, par l'organisation, devant des conservateurs désunis, sans idées et sans plan de défense arrêtés ; la force de l'or et des richesses, par les Juifs qui les ont accumulés depuis des siècles et qui sont les derniers et véritables chefs de toutes ces ténébreuses associations. Or le but dernier, avoué tout haut maintenant, de ces sectes sataniques, c'est la destruction de l'Église de Jésus-Christ, de toutes les œuvres, du nom et du souvenir même du Dieu Rédempteur. Le mot horrible des juifs déicides est leur mot d'ordre : *Tolle hunc*, Otez-le ! Le but immédiat, c'est l'écrasement, c'est l'anéantissement, par la violence et par la ruse, de tout royaume, de tout peuple qui porte en son cœur la foi et l'amour du Christ, et la volonté avec la force de défendre son Épouse. Il faut donc que toutes les nations catholiques, et en particulier la France, périssent avec l'Église et la Papauté. Ce but est sur le point d'être atteint. Voilà que le « mystère d'iniquité », commencé aux temps de saint Paul, développé à travers les siècles sous l'action plus ou moins immédiate et évidente des juifs [1], semble prêt de triompher. Il n'y a pas à douter qu'un assaut suprême ne soit tenté bientôt contre la France et l'Église. Les sociétés secrètes ne peuvent pas s'arrêter au milieu de leurs succès ; Satan les pousse ; et personne à présent n'est capable de s'opposer à ce dernier effort.

Donc il faut que Dieu s'en mêle, et d'une façon extraordinaire.

Donc, à son jour et à son heure, il s'en mêlera ; car nécessairement le Seigneur doit se lever pour sauver son Église, quand du côté des hommes tout secours vient à lui manquer : *Necesse est adesse divinum, ubi humanum cessat auxilium.* (Eusèbe, l. 11 hist.)

Quant à la France en particulier, je crois à son salut à cause de l'Église.

L'Église ne peut pas triompher dans l'Europe où elle a sa capitale nécessaire, Rome, que sans quelques nations catholiques au moins participent à ce triomphe. Parmi toutes les nations de l'Occident, notre chère et malheureuse patrie n'est-elle pas le pays où se trouve encore la

---

1. Il y aurait une étude intéressante et fort utile à faire ; ce serait de rechercher et de compter combien il se trouve d'hommes d'origine et de race judaïque, soit parmi les chefs reconnus des loges et des sectes, soit ayant un rôle important dans la direction des journaux, dans les finances, dans les principaux emplois, dans les conseils et à la tête des gouvernements de l'Europe. Les noms qu'ils portent, noms d'emprunt, ou accommodés à la langue du peuple dont ils ont pris la nationalité, rendent la recherche plus difficile. Cette difficulté levée, on sera surpris, je n'en doute point, de leur grand nombre, et la conclusion du travail sera celle-ci : l'Europe est menée par les Juifs.

plus grande somme de bien, le moins indigne par
conséquent de ce choix de la miséricorde? N'a-t-elle
pas pour enfants le peuple qui, par sa nature et son
caractère, serait, après le châtiment, l'instrument le plus
docile et le plus dévoué de l'Église et de Dieu?... Cette
espérance me soutient et me console au milieu des inquiétudes du présent. Après une terrible mais courte
épreuve, le règne de Henri V dans notre France régéné-
rée, l'Église et la Papauté triomphant dans tout l'univers,
la répétition du « gesta Dei per Francos », m'apparaissent comme des horizons lumineux au delà des sombres
bres nuages qui nous environnent.

Puissent ces considérations générales, que les prophéties modernes fortifient de leurs prédictions, mettre le
calme en votre esprit, l'espoir et la force en votre cœur!

LETTRE V.

NOUVEAUX CALCULS.

Quand sonnera l'heure de Dieu? Lui seul le sait. Les prophéties nous l'indiquent dans un large à-peu-près. Mais, si exacts qu'ils puissent être, nos calculs ne sauraient vous donner cette heure juste de la Providence. Ils ne seront toujours que des hypothèses, une fois déjà contredites par les faits, et qui pourront l'être encore.

A cause de cela on s'élève contre les prophéties.

« Voilà bien les malheurs, les incendies, les égorgements annoncés; seulement le triomphe qui devait suivre ne vient pas, tout au contraire il recule, et l'espérance en paraît perdue [1]. » Eh! non. Seulement vous allez trop vite, et vous n'avez consulté qu'un prophète [2]. Les prophètes modernes, pas plus que les prophètes sacrés, n'ont tout vu, et tout à la suite, dans l'avenir.

1. *Univers*, 4 avril 1874.
2. La prophétie d'Orval ne prédit avec détails que les châtiments de 1870 et 1871. Les grands malheurs ne sont qu'indiqués par une phrase : « Et la Gaule vue comme décabrée (ou délabrée) va se rejoindre. ».

Avant d'arriver à la Terre promise, il nous faut passer par la mer Rouge, et nous n'avons pas encore commencé la traversée. « Les malheurs, les incendies, les égorgements » « de la grande crise », du triomphe des sociétés secrètes, ne sont pas encore arrivés. Après le premier coup de verge de la divine justice, vous voudriez la victoire sans retard, la fin sans délai. C'est bien là la *furia française* : il faut que « tout se fasse vite » et comme à la vapeur. Que la solution et le triomphe se hâtent de venir : autrement, malheur aux prophéties et aux interprètes! Nous mettons tout dans un même sac et nous jetons le ballot à la mer !...

Cette impatience du caractère national est certainement entré pour quelque chose dans les calculs à dates rapprochées qui ont été successivement faits. Dès 1871, quelques-uns prétendaient que tout serait terminé à la fin de cette même année. Nos désirs pressés n'avanceront point les événements.

Les différentes dates que je vais vous donner ne seront peut-être pas plus heureuses que leurs devancières. Peut-être les franchirons-nous encore sans que la fin tant désirée soit arrivée. Les prophéties n'en seront pas plus malades. Pour leur honneur il suffit que les faits annoncés se réalisent; et si, entre le moment historique de leur accomplissement et nos calculs, il ne se trouve qu'une erreur de deux ou trois années, vraiment on n'aura pas le droit de se plaindre de l'interprète.

Dans mes premières supputations, les trois années de Marie Lataste combinées avec la durée prétendue du règne de Pie IX m'avaient fourni la date régulatrice des événements. Nous ne pouvons plus nous en servir maintenant. Cette durée étant fausse, les années de Marie Lataste n'ont plus de point de départ ni de terminaison suffisamment indiquées.

La prophétie PLACENTIENNE [1] nous offre ces deux choses, et par conséquent elle deviendra la règle chronologique de nos nouveaux calculs.

Je vous rappelle d'abord en quelques mots ce qu'elle est, et je la cite en entier, texte et traduction.

Cette prophétie, en vers latins hexamètres, a été copiée sur un manuscrit que l'on conservait au commencement de ce siècle dans la bibliothèque de Plaisance [2], par l'auteur anonyme (F. F.) de l'opuscule italien : *Quel sera l'avenir de l'humanité?* Elle fut publiée en 1854 dans cet ouvrage. La *Civilta Cattolica* en rendit compte en avril 1860; la troisième édition parut à Turin en 1862. Cette même année, il était traduit et publié par M. l'abbé Leroy, du diocèse de Laval [3]. En 1866, M. l'abbé G. Rougeyron reproduisait la prophétie dans son livre: *Les derniers temps.*

Cette prophétie est donc antérieure de plusieurs années à *tous les événements* qu'elle prédit.

> Post decimi octavi jamjam labentibus annis [4],
> Bella, fames, pestis, fraudes, saturnia regna
> Sternent, et veteres pellentur ubique tyranni.

1. Voir Concordance, nos 106, 121, 132.
2. Ancien duché de Parme et de Plaisance. (*Plaisance*, en latin *Placentia*, d'où la dénomination de *placentienne*.)
3. Nous prenons ces détails dans la traduction de M. Leroy : *Quel sera l'avenir de l'humanité?* Laval, 1862. Préface, p. III, p. 153 et 154, notes.
4. On ne trouve point ce vers dans l'ouvrage : *Quel sera l'avenir de l'humanité?* Je le prends dans l'opuscule : « Le grand Pape et le grand Roi », 1re édit., p. 68, dont l'auteur ne dit pas où il l'a copié.

PASTOR ERIT, CŒLI CLAVES, NON REGNA, GUBERNANS.
Monstra loquor ! Tùm quùm pariet bos rubeus hydram ,
Nec Deus extinguet flammas, nec deseret iram,
Ni priùs Ausoniæ feriant mala singula gentes.
TEMPUS ERIT PROPE LUSTRUM. Mox aliger ingens
Surget ut è somno, rostro metuendus et ungue.
Colla bovis cædet, sitibundus iniqua draconis
Viscera depascet ; Gallorum trina colorum
Sternet humi ; statuet in propria reges.
Galatiâ genitus terrâ, vir justus et æquus
Pastor erit ; toto surget concordia mundo ;
Una fides ; unus regnabit in omnia Princeps.

« Quand le XVIIIe siècle aura penché vers son déclin,
par la guerre, la famine, la peste, les fraudes, les royaumes de Saturne seront dévastés, et les anciens Souverains en seront tous chassés. ON Y VERRA UN PONTIFE ,
POSSÉDANT LES CLEFS DU CIEL , MAIS N'AYANT PLUS LE
POUVOIR ROYAL. Chose monstrueuse ! C'est alors que
le bœuf rouge enfantera l'hydre, et que Dieu n'étein-
dra point les flammes et n'apaisera pas sa colère, avant
que toutes sortes de maux n'aient frappé les nations
d'Ausonie [1]. LA DURÉE DE CET ÉTAT DE CHOSES SERA PRES-
QUE LUSTRE. Bientôt après un oiseau gigantesque sortira
comme d'un sommeil. De son bec et de son ongle terribles
il coupera la tête au bœuf, et dans sa soif violente, du
dragon il dévorera les entrailles impies ; les trois cou-
leurs gauloises seront par lui jetées à terre. Il rendra
leurs trônes aux Rois. Sorti de la Galatie, un homme
pieux et juste sera Pape ; dans le monde entier renaîtra
la paix ; il n'y aura qu'une seule foi, et un seul prince
régnera sur toutes choses. »
Cette prophétie présente trois époques bien distinc-

---

1. *Royaumes de Saturne, Ausonie,* anciens noms de l'Italie.

tes et très-nettement délimitées. Certainement, si, en 1871 et 1872, il avait été possible de la faire exactement cadrer avec les 27 ans 1|2 du règne de Pie IX, ou si j'avais pu savoir alors que cette dernière donnée était fausse, j'aurais pris de préférence aux autres la prophétie placentienne comme règle de tous mes calculs.

La première époque est celle du renversement et du dépouillement des souverains d'Italie. Nous en connaissons très-certainement le commencement et la fin. Le commencement, c'est l'année 1859; et la fin, le 20 septembre 1870, jour dans lequel le dernier souverain d'Italie resté debout s'est vu enlever violemment le dernier lambeau de ses Etats. Comme ces deux mots *bella*, FRAUDES *sternent*, etc., « *les guerres* et les FRAUDES *renverseront* », etc., marquent bien ce qui s'est passé dans cette période, et les moyens employés pour ravir leurs Etats aux princes italiens !

La seconde époque commence au moment où l'on voit *un Pontife possédant les clefs du Ciel, mais n'ayant plus le pouvoir royal.* Ce moment, c'est, nous venons de le dire, le 20 septembre 1870. Dans cette période, les prédictions se sont aussi bien accomplies que dans la première. Nous voyons Pie IX demeurant à Rome, prisonnier au Vatican, sans aucun pouvoir temporel, et gouvernant le monde dans la plénitude de la puissance des clefs. Nous voyons, en même temps, *le bœuf*, c'est-à-dire Victor-Emmanuel, de la dynastie savoyarde, désignée dans plusieurs prophéties sous cette figure du bœuf, du veau, de la vache; *rouge*, parce qu'il est allié à la Révolution qui l'emploie comme un instrument; nous voyons ce *bœuf rouge enfanter*, apporter à Rome, l'hydre révolutionnaire, qui, comme un incendie et un

3*

fléau de la colère de Dieu [1], dévore l'Italie ; nous voyons enfin, depuis cette date fatale [1] du 20 septembre, tous les maux écraser cette malheureuse contrée, les uns après les autres. Il ne manque plus que la guerre étrangère, qui viendra à son tour.

Or cette seconde période doit durer presqu'un lustre. Le lustre complet (cinq ans) finirait au 20 septembre 1875. *Presqu'un lustre* pourra être une date tombant entre la dernière moitié du mois d'août et la première du mois de septembre 1875. Nous retrouvons encore notre mois de septembre.

La troisième époque commence *bientôt après, mox,* avec l'arrivée en Italie de l' « oiseau gigantesque ». Vous reconnaissez sans peine, je suppose, dans les vers qui dépeignent cette période, le grand Pape et le grand Roi : le grand Pape, sous lequel, d'après tant d'autres prophéties, le monde entier doit vivre dans une admirable paix et l'unité d'une même foi ; le grand Roi , qu'un si grand nombre de prédictions nous montrent aussi comme devant détruire l'hydre révolutionnaire, restituer la Papauté dans son pouvoir temporel et tous ses droits , et , par son influence au moins , gouverner dans tout l'univers.

Or, je crois avoir démontré, dans la *Concordance*, que ce grand Roi, ce grand monarque sera Henri V.

Voilà donc que cette prophétie, qui regarde spécialement l'histoire de l'Italie, nous donne en même temps une indication des plus précieuses pour celle de la France.

Car si Henri V doit être occupé par lui-même ou par ses généraux à renverser en Italie le bœuf et l'hydre,

1. Voir pages 56 et 57.

la dynastie de Savoie et la Révolution, vers la fin de 1875 ou dans le commencement de 1876, *il est évidemment nécessaire qu'il soit monté sur le trône en France quelque temps auparavant.*

Nous ne sommes donc pas si loin de voir nos espérances réalisées que des événements politiques récents sembleraient le faire craindre.

Ici, quant à l'époque de cet avénement, nous pouvons faire deux hypothèses qui nous donneront, pour les dates, des résultats différents.

1° Si vous admettez que « l'intervention surnatu« relle n'aura pas lieu à Rome et en France au même « moment, que la France sera frappée la première pour « avoir le temps de se rasseoir et d'aller au secours du « Saint-Siége », alors nous touchons aux grands événements ; les hypothèses de la *Concordance* restent debout *avec un an de retard seulement.* « On peut donc, « avec beaucoup de probabilité, mettre le commence« ment des grands bouleversements, de la grande crise, « vers le mois de mai ou de juin de la présente année, « et la fin, par le grand combat et l'intervention divine, « entre la dernière moitié du mois d'août et la pre« mière du mois de septembre de cette même année « 1874. » (*Concordance,* p. 167.)

Alors Henri V. rappelé, s'occupe de pacifier et de relever la France dans le courant de l'année suivante, et avant la fin du lustre, vers la fin d'août ou le commencement de septembre 1875, les armées françaises descendent en Italie, apportant le secours et la délivrance à la Papauté et aux catholiques italiens.

Un discours du Saint-Père semble confirmer cette première hypothèse. Je l'ai déjà cité en partie. Je le rapporte ici en entier d'après le texte authentique donné par dom Pasquale de Franciscis, dans son livre *Discours de N. T.-S. P. le Pape*, etc., page 207.

« *Discours* 99ᵉ.

« A la commission de l'Obole, etc., 25 juillet 1871.

« Je vous remercie, mes chers enfants, et je vous donne de grand cœur ma bénédiction. J'accepte avec plaisir votre don et les vœux que vous faites pour le triomphe de l'Eglise, qui ne peut faillir. Toutefois il faut avoir de la fermeté, de la constance dans la prière, et une grande confiance en Dieu. »

Ici le Saint-Père rappela la parabole de l'Evangile où il est parlé de cet homme qui avait essayé, pendant 38 ans, au même jour et à la même heure, à se plonger dans les eaux de la piscine probatique, et dont le Seigneur finit enfin par récompenser la constance en lui accordant la grâce qu'il demandait. Puis il ajouta :

« Non pas que nous devions, nous aussi, attendre 38 ans; non. Mais il faut de la constance. Sɪ ᴄᴇ ɴᴇ ꜱᴏɴᴛ ᴘᴀꜱ ᴅᴇꜱ ᴀɴɴéᴇꜱ, ᴄᴇ ꜱᴇʀᴏɴᴛ ᴅᴇꜱ ᴍᴏɪꜱ. Les choses iront ainsi tant que le bon Dieu voudra; mais enfin viendra un jour où il vous dira ᴄᴏᴍᴍᴇ ᴀ ᴍᴏɪ : *Surgite, etc... Levez-vous; votre heure est arrivée, l'heure du triomphe et de la consolation.* »

Il ajouta encore quelques autres paroles affectueuses, puis les ayant bénis de nouveau, il leur fit baiser son anneau.

Il est impossible de n'être pas frappé tout d'abord de la ressemblance qu'ont ensemble, quant au sens et quant aux expressions, ces paroles du Saint-Père et la prédiction de Marie Lataste. Et ce qui n'est pas moins frappant, c'est que le Pape donne aussi lui une date qui est exactement la même que celle de la pieuse voyante : nous n'attendrons pas 38 ans comme le paralytique, *mais ce seront 38 mois*. Or 38 mois font *3 ans et 2 mois*.

Il faut citer le texte de Marie Lataste pour que la comparaison immédiate fasse mieux voir la ressemblance.

« Or l'affliction viendra sur la terre, l'oppression régnera dans la cité que j'aime et où j'ai laissé mon cœur. Elle sera dans la tristesse et la désolation, environnée d'ennemis de toutes parts, comme un oiseau pris dans les filets.

« *Cette cité paraîtra succomber pendant trois ans et un peu de temps encore, après ces trois ans.*

« Mais ma Mère descendra dans la cité ; elle prendra les mains du vieillard assis sur un trône et lui dira :

« *Voici l'heure, lève-toi. Regarde tes ennemis, je les fais disparaître les uns après les autres, et ils disparaissent pour toujours.* Tu m'as rendu gloire au ciel et sur la terre ; *je veux te rendre gloire sur la terre et au ciel.*

« Vois les hommes : ils sont en vénération devant ton courage, en vénération devant ta puissance. Tu vivras, et je vivrai avec toi. Vieillard, sèche tes larmes, je te bénis ! »

Dans la bouche du Saint-Père, cette étonnante ressemblance a-t-elle été une vue prophétique personnelle, ou une allusion à la prédiction de Marie Lataste, ou bien un simple hasard ? Je ne sais. Mais ce qui est sûr, c'est qu'en faisant partir les 38 mois du jour où le Pape prononçait ces paroles, le 25 juillet 1871, on arrive à la date du 25 *septembre* 1874.

1. La vie et les œuvres de Marie Lataste, 2e édit., t. II, p. 175. Paris, A. Bray.

Et si nous voulons avoir un point de départ plus marquant dans l'histoire, nous trouvons en ce même mois de juillet 1871, le 2, jour de l'entrée solennelle à Rome de Victor-Emmanuel, qui, aux yeux de toute l'Europe indifférente et silencieuse, prend possession officiellement et en personne de la capitale de l'Italie.

Ne pourrait-on pas dire qu'en ce jour, bien plus qu'au 4 août ou au 20 septembre 1870, commence la *désolation* de la Rome catholique, de la Rome du Pape; que, en ce 2 juillet 1871, elle paraît vraiment *succomber* comme capitale de la chrétienté, puisque, du consente-ment au moins tacite des cours européennes, elle n'appartient plus aux Souverains Pontifes , elle est régulièrement désormais la capitale du royaume italien?

Après le 4 août, c'est la force qui la menace; c'est encore la force brutale qui l'emporte au 20 septembre; mais au 2 juillet 1871, c'est le droit qui prétend s'affir-mer et se faire reconnaître.

De ce jour nous serions donc conduits par les *trois ans et un peu après* de Marie Lataste, comme par les *trente-huit mois* du Pape, au 2 septembre, au commen-cement de septembre 1874. (Toujours septembre !) Cette date de septembre 1874 serait donc pour la France le temps du salut, et pour Rome l'annonce de la délivrance et la première aurore du triomphe dont 1875 verra le plein jour. *La constance* du Pape et des catholiques est récompensée : ils n'ont plus à attendre ni à implorer de secours : il arrive, il est à leur porte, *l'homme envoyé de Dieu*. Le Seigneur est venu; il parle au paralytique (fin 1874), il va lui dire : Lève-toi ! (fin 1875).

2° Mais, vous appuyant sur certains textes prophé-tiques, vous admettez comme plus probable que la France

et Rome seront frappées ensemble et au même moment ;
la date que vous acceptez pour l'intervention divine est
celle de la prophétie placentienne, septembre 1875.
dont le calcul net et rigoureux vous plaît .

Dans ce cas, notre concordance reste encore debout,
seulement *avec deux ans de retard* Ce serait en mai ou
juin 1875 qu'auraient lieu les grands bouleversements,
et l'intervention de Dieu se ferait en septembre de cette
même année. Henri V, à peine monté sur le trône,
s'occuperait tout à la fois de la pacification de la France
et de la délivrance de Rome. Il n'y aurait rien d'impossible à ce que les Français convertis, tout pénétrés de
foi et de reconnaissance, après avoir vu « la main
divine », ne soient capables de faire ces deux choses en
même temps : écraser les restes de la démagogie et les
Prussiens et en France et en Italie.

A la suite du prodige de la justice et de la miséricorde,
l'élan des cœurs français devra être admirable et irré-
sistible.

Comment, dans cette hypothèse, concorderaient les
38 mois du Saint-Père et les 3 années de Marie Lataste?

Puisque le commencement de ces dates n'est pas
déterminé, pour le trouver il faut partir de la fin. La
délivrance et le triomphe apparaissant en septembre
1875, remontons de trois années et quelque chose, et
voyons si nous ne trouverons pas un fait saillant qui
puisse vraisemblablement nous servir de point de départ.
Or, le 16 juin 1872 nous trouvons un acte important, la
lettre du Pape au cardinal Antonelli. Cette lettre, c'est
un cri de désolation et de tristesse, en même temps que
de protestation contre toutes les iniquités déjà consom-
mées par le gouvernement italien et celle qu'il annonce

officiellement vouloir perpétrer bientôt : la suppression
des Ordres religieux. La « désolation et la tristesse »
prédites ne seraient-elles pas mieux réalisées à partir de
cette époque ? Ne vous semble-t-il pas que le gouvernement pontifical « paraît » réellement alors « succomber » ? Plus d'aide pour le Souverain Pontife dans la
direction de l'Eglise universelle ; plus de secours pour
les pauvres et les malheureux ! Les journaux nous ont
donné un aperçu des aumônes considérables que les
maisons religieuses distribuaient chaque jour au peuple
romain. Tout est supprimé. Aussi les années qui suivent
apportent-elles une « désolation » sans exemple dans
la ville de Rome : on y meurt de faim !

De juin 1872 à juin 1875, il y a *trois ans ;* et « deux
mois après » ou « un peu après », nous sommes en août
ou en septembre.

— Et la date de Mélanie : deux ans, un an ? Elle s'inter-
préterait et concorderait dans son total, avec moins de
précision toutefois, mais de la même manière.

Du reste, elle a quelque chose de particulier dans sa
forme qui indiquerait, je crois, l'intention de marquer
bien moins une date rigoureuse que le caractère général de ces années. Ce sont des années de châtiment,
sur lesquelles, une, la dernière, sera plus terrible que
les deux autres. Pour la France, il est plus supposable
que par ces mots : *deux ans,* ont été désignées les années
1870 et 1871 [1], et par *un an*, l'année des grands châtiments que l'avenir nous fera connaître. Pour l'Italie, l'observation est la même, mais les *deux ans* doivent être appliqués à d'autres années.

1. Il ne faut pas perdre de vue que le *secret* qui renferme cette
date a été confié en 1846.

Je n'ai pas besoin de vous dire que la date de Jean de Vatiguerro, *vingt-cinq mois et plus*, n'offre aucune difficulté. Elle concordera toujours avec les autres. Ses termes vagues permettent de la faire commencer et finir quand on veut.

Pourquoi ne désignerait-elle pas la durée du plus grand progrès des « méchants », de la plus grande intensité de la persécution et de la désolation de l'Eglise avant leur triomphe momentané ?...

— A tous mes calculs vous objectez que le temps manquera pour l'accomplissement de tout ce qui est prédit.

Vous vous convaincrez facilement du contraire, si vous faites attention au sens des textes.

Ils annoncent d'abord pour la France et l'Italie des événements, des bouleversements qui commenceront presque tout à coup, seront presque simultanés et dureront peu de temps, du moins pour notre pays (de 3 à 5 mois). Les faits qui en découleront, comme la venue de Henri V, son affermissement, la pacification de la France et de l'Europe, le rétablissement intégral de l'Eglise et de la Papauté, etc., etc., demanderont évidemment plusieurs années. Aussi, quand les prophètes disent que le triomphe de l'Eglise se fera en « un clin d'œil », « en un moment », c'est qu'ils voient tous les effets contenus dans la cause et qui en sortiront successivement. Cette cause, c'est l'intervention divine qui détruit « les méchants », donne aux « bons » un chef digne d'eux et de l'Eglise. La puissance et la force passant subitement des mains des « méchants » dans celles des « bons », c'est nécessairement le triomphe qui s'épanouira peu à peu. Quand le premier rayon du jour chasse les ténèbres, la nuit a cessé, c'est la lumière ;

mais le plein jour, le jour de midi, n'est pas venu encore, mais il viendra sûrement.

Pour vous persuáder tout à fait essayons de faire un agencement probable des détails. Mettons en une seule les lettres IX et X de la *Concordance*. J'aurais dû le faire. Puis comparons et combinons aussi les faits prédits dans les lettres XIII, XIV et XVI. Nous pouvons former les hypothèses suivantes :

Si les troubles éclatent en France en mai ou juin 1874 ou 1875, vous conviendrez sans peine, n'est-ce pas ? que, dans quelques jours, ils seront généralisés. Nous avons la Commune presque partout, au moins dans les grands centres, avec les massacres annoncés. L'élément conservateur, le bonapartisme à sa tête, essaie de résister : c'est la guerre civile.

« On se bat du midi au nord, les libéraux se dévorent entre eux » (l'abbé Souffrant); et les catholiques libéraux sont mangés les premiers. « Les puissances européennes, voyant le désordre, s'arment dans le but de partager la France » (idem). La Prusse, qui est prête et qui peut « en *onze jours*[1] mobiliser et concentrer 800 mille hommes » , inondera notre malheureux pays de ses bataillons renforcés de ceux de la Russie (l'abbé Souffrant). Il ne lui faudra pas certes *plus d'un mois* pour occuper une grande partie de notre territoire, du nord au midi, et « descendre en Italie » (Rosé Colombe), « personne ne lui faisant résistance » (curé d'Ars). Nous avons vu en 1870 et 1871 de quoi les troupes prussiennes sont capables en ce point. A Rome, à la suite, ou peut-être un peu avant, ou en même temps, aura éclaté un

---

1. *Univers* du 5 avril 1874, article de M. G. de la Tour.

mouvement révolutionnaire dirigé surtout contre le Vatican, et qui du même coup « renversera Victor-Emmanuel » (Rose Colombe, Frémol, etc.), et forcera le Pape à se sauver (Prémol). Les Prussiens, pour soutenir la dynastie de Savoie, leur alliée, contre la Révolution avancée, descendront jusque devant cette ville et s'en rendront maîtres (mêmes prophéties et autres). Peut-être, si la prédiction de Prémol doit se réaliser, ainsi que les autres qui annoncent un anti-Pape, ce sera alors que M. de Bismark mettra à exécution son projet. Qu'est-ce que tous ces bouleversements et cette occupation simultanée de la France et de l'Italie demanderont de temps en réalité ? *Quelques mois, pas davantage*, puisqu'il n'y aura pas de résistance sérieuse possible. Une poignée de braves, tout ce qu'il y aura d'honnête et de catholique en France, essaiera sans doute d'organiser à la hâte la résistance dans l'Ouest (l'abbé Souffrant).

Mais la France et l'Italie agonisent sous le pied du Prussien. Il commande à Paris et à Rome. La petite armée, dernier espoir de la France et de l'Eglise, va être écrasée sous des forces décuples ; car derrière l'armée prussienne apparaissent sur les bords du Rhin de nouveaux bataillons russes, l'empereur en tête (l'abbé Souffrant). *Tout est perdu !* (septembre 1874 ou 1875). Mais Dieu intervient par l'épouvantable fléau annoncé, dans lequel peut-être Paris achèvera de périr. Les « méchants », les Français ennemis de Jésus-Christ et de l'Eglise, sont les uns frappés de mort, les autres convertis; les Prussiens sont aux trois quarts écrasés; les « bons » sont tous épargnés. (Blois, Père Necktou, abbé Souffrant, curé d'Ars, etc...). *Tout est sauvé !* (même mois).

Il se présente alors, celui qui pourra seul faire « se rejoindre la France vue comme décabrée ». Venez, prince, venez. On l'acclame de toutes parts. Il vient avec l'alliance et les forces que lui « donne un grand prince d'Orient » (l'empereur d'Autriche); il est puissamment aidé « par les guerriers de la Gaule Belgique » (Olivarius). Les Prussiens, saisis d'épouvante et découragés, veulent opérer leur retraite. On les attaque, on les harcèle de toutes parts. « Cette fois, on se battra pour tout de bon » (curé d'Ars, Voix Prophétiques, 5ᵐᵉ éd., 2ᵉ vol., p. 183). Les Prussiens sont repoussés jusques dans leurs pays (idem). Les armées françaises descendent en Italie (fin 1875 ou premiers mois de 1876) : batailles sanglantes, luttes terribles autour de Rome (Mélanie, Rose Colombe, Anna-Maria. Proph. Emilienne et Placentienne). Les Prussiens sont vaincus : le faux pontife et son clergé schismatique, massacrés (P. de Théolophore, du Roi du lys, etc.). Rome est délivrée. Alors s'accomplissent entièrement les prophéties de Marie Lataste et d'Anna-Maria. Dans le mouvement révolutionnaire de Rome, la sainte Vierge « est descendue dans la cité » pour couvrir Pie IX de sa protection, le préserver de l'attentat que méditent ses ennemis contre sa personne et le mettre en sûreté. Elle prend les mains du vieillard : « Lève-toi, sors de Rome, voici l'heure de ton triomphe sur tous tes ennemis. Regarde : je les fais disparaître les uns après les autres. » En effet, les révolutionnaires renversent Victor-Emmanuel, les Prussiens écrasent les révolutionnaires; les Français anéantissent les Prussiens, les restes de la dynastie de Savoie et de la démagogie et le schisme. La Papauté n'a plus d'ennemis : ils sont tombés les uns après les autres. Pie IX

recouvre tous ses Etats. — Tous ces faits demandent-
ils beaucoup plus d'une année ?

Vous voyez maintenant la suite et l'enchaînement des
autres événements. La mort de Pie IX ; la désignation
merveilleuse de son successeur , la pacification universelle en Europe après « la grande guerre commencée
dans le midi » (midi de la France et Italie) et terminée
« au carrefour du Bouleau ». Couronnement et sacre
comme empereur du grand monarque par le grand
Pape ; continuation et fin du Concile du Vatican. Après
sa révolution, l'Angleterre pacifiée revient tout entière
à l'Église. La France et l'Angleterre catholiques conver-
tissent tout l'Univers, etc., etc., etc.

Et si tous ces événements , trompant une seconde
fois vos suppositions, n'arrivaient point aux dates que
vous assignez, feriez-vous de nouveaux calculs ? Non ; car
dans les textes prophétiques que je connais, je ne vois
point d'autres indications chronologiques qui puissent
servir à de nouvelles hypothèses.

Il faudra forcément attendre que les faits fournissent
des points de départ, inconnus maintenant, qui nous
aideront à essayer d'autres supputations. Mais, moqueurs
incrédules, vous ne pourrez point triompher même en
ce cas : nous vous rappellerons que , longtemps après
le fait réalisé, nos chronologistes sont en désaccord
d'environ 6 ans sur la véritable date de la naissance du
Sauveur !

— Quoi qu'il en soit et quoi qu'il advienne de toutes
nos hypothèses et de nos dates , il est certain qu'on ne
peut guère aujourd'hui, en considérant ce qui se passe
dans le monde, être tranquille et rassuré sur l'avenir. Les
dates fatales, proposées par les commentateurs, sont

toutes passées; mais il n'y a que cela de passé : les inquiétudes et les angoisses demeurent, et les prophéties terribles ont plus que jamais peut-être « d'effrayantes probabilités » de s'accomplir.

L'Eglise est assurée de son salut et de son triomphe: les portes de l'enfer ne prévaudront pas contre elle. Mais les nations n'ont point reçu des promesses de perpétuité sur la terre. Si donc la France veut ne pas périr, qu'elle identifie entièrement sa cause avec celle de l'Eglise et de la Papauté. Et si ses gouvernants affolés cherchent ailleurs et d'une autre manière un secours qu'ils ne trouveront point, que chaque Français en particulier, protestant contre cette erreur funeste, se porte, dans la mesure de ses forces, de cœur, de paroles et d'action, à la défense de l'Epouse de Jésus-Christ. C'est par eux que la Patrie sera vraiment secourue et sauvée.

Redoublons donc d'amour pour l Eglise, de prières et de supplications , de pénitences et de larmes , afin d'amener et de hâter le secours et le triomphe : *Salva nos, Domine, perimus... quia non est alius qui pugnet pro nobis* [1]. Nous verrons enfin le jour annoncé, le jour que fera le Seigneur, et dans lequel il glorifiera son nom d'une manière admirable, en sauvant ses enfants et en détruisant tous ses ennemis [2]. Amen.

---

1. Sauvez-nous, Seigneur, nous périssons... Il n'est personne qui combatte pour nous. (Prière litur.)

2. Hæc dies quam fecit Dominus... gloriose enim magnificatus est.... dissipentur inimici ejus.

LETTRE VI.

NOSTRADAMUS.

A quoi bon, dites-vous, nous parler encore de cet astrologue ridicule ?

— Ce n'est pas inutile. Nostradamus est dangereux à plus d'un titre, et par les commentaires insistants de certains de ses interprètes, il le devient chaque jour davantage. Ses adeptes, plus nombreux peut-être qu'on ne pense, redoublent d'efforts, et veulent à tout prix faire accepter ses prophéties comme les seules véritables et l'unique source de toutes les autres.

Pour achever de venger les prophéties modernes et le bon sens, il faut donc de nouveau démontrer plus clairement, s'il est possible, ce qu'est en réalité cet étrange personnage.

A notre triste époque, il ne suffit plus en France d'une pointe de sens commun et de malice gauloise pour tuer une mauvaise et ténébreuse sottise. Le jugement, l'esprit et la vérité ont baissé parmi les enfants des hommes[1].

Puisqu'il est nécessaire de combattre sérieusement ce

1. Psaume 11, 2.

qui ne méritait qu'un coup de sifflet, raisonnons donc en forme, et, une bonne fois pour toutes, finissons-en avec l'astrologue.

Les adeptes de Nostradamus nous le présentent comme un très-grand prophète, ayant reçu de Dieu sur l'histoire de l'Eglise et du monde une révélation plus étonnante que celle de saint Jean. Non-seulement tous les grands faits y sont annoncés, nous disent-ils, et en particulier tous les événements principaux de la France depuis 300 ans, mais aussi les détails les plus minutieux, les dates, les noms propres de lieux et de personnes, tout, en un mot. Cette prophétie, selon les dires de l'auteur, embrasse les années qui se sont écoulées et s'écouleront depuis 1555 jusqu'en 3797.

Notre devoir et notre droit est de demander des preuves solides avant de croire.

Nous disons donc aux partisans de Nostradamus : Ou bien votre personnage est un prophète extraordinaire, comme les prophètes sacrés, suscité de Dieu pour éclairer l'Eglise ;

Ou bien il n'est, comme tant d'autres, qu'un simple prophète privé.

Vous n'avez pas à choisir entre d'autres hypothèses.

PREMIÈRE HYPOTHÈSE : NOSTRADAMUS, PROPHÈTE EXTRAORDINAIRE, AYANT UNE MISSION DIVINE.

Si vous prenez la première hypothèse, nous demandons où sont les titres de cette mission divine et extraordinaire.

1° Peut-on les trouver dans ses écrits prophétiques (preuves intrinsèques) ? 2° Les verra-t-on dans les miracles qu'il aurait faits, dans la sainteté de sa vie, dans le jugement de l'Eglise (preuves extrinsèques) ?

I. Preuves intrinsèques.

Nous établissons et démontrons cette proposition :

Les écrits de Nostradamus, bien loin de nous apporter des preuves de son inspiration et de sa mission divines, nous fournissent au contraire plusieurs motifs sérieux de lui dénier l'une et l'autre.

I. D'abord Nostradamus lui-même n'est pas très-assuré ni de la réalité, ni de la nature de son inspiration.

Tantôt il dit qu'il a composé ses ouvrages « par révé- « lée inspiration, inspiration supernaturelle, révélation « divine » (Lettre à César). « Splendeur divine : le divin « près s'assied » (s'assied près de moi. Centurie I, qua- train 2).

Tantôt il affirme qu'il n'est pas prophète : « Moy en « cet endroit (dans la lettre à Henri II) je ne m'attri- « bue nullement ce titre » (de Prophète). — « Encore « que j'aye inséré le nom de prophète, je ne veux (m') « attribuer tiltre de si haute sublimité pour le temps « présent. » — « Non que je veuille m'attribuer nomina- « tion, ni effect prophétique. » (Lettre à César.)

Après ce dernier passage, il ajoute : « Car prophète « proprement, mon fils, est celui qui voit (les) choses « lointaines (éloignées) *de la connaissance naturelle* de « toute créature. »

Et plus haut il avait dit : «Quant à nous qui sommes « humains, (nous) ne pouvons rien de (par) notre « *naturelle connaissance et inclination* d'engin (de

3**

« caractère, de disposition naturel : *ingenii*) connaître
« des secrets obstruses de Dieu le Créateur. »

Et d'un autre côté, il enseigne à son fils « que les
« choses qui doivent advenir se peuvent prophétiser par
« les nocturnes et célestes *lumières* qui sont *naturelles* et
« par l'esprit de prophétie » ; — qu'il a fait ses « qua-
« trains par *naturelle* infusion, *naturelle* instigation » ; —
« que ses « nocturnes et *prophétiques* supputations, il
« les a composées « *plutôt d'un naturel instinct* » (que
de toute autre manière) ; — qu'il n'a pas *prophétisé*
seulement « par l'*instinct naturel* qu'il a reçu de ses ancêtres », mais « en ajoutant et en accordant *ce naturel*
instinct avec sa longue supputation ».

Tout cela paraît contradictoire.

En lisant attentivement les écrits de Nostradamus, on
remarque promptement qu'il insiste très-peu sur sa
divine inspiration, et pas du tout sur sa mission. Quand
il parle de ses prophéties, c'est à peine s'il indique l'inspiration surnaturelle comme en étant le principe. Il en
prononce quatre fois le mot tout au plus dans la lettre à
César et seulement dans cette lettre, puis une autre fois
dans les Centuries. Et encore, d'après ce qu'il dit en
même temps, cette inspiration n'en serait pas l'unique
cause. Il appuie bien davantage, comme origine de ses
prédictions : 1° sur son naturel instinct, sur sa disposition héréditaire, dont il parle sept à huit fois, et surtout
2° sur l'astrologie judiciaire, sur ses calculs astronomiques, sur ses études nocturnes et ses longues supputations, qu'il rappelle presque à chaque instant, une vingtaine de fois au moins dans les deux lettres à César et à
Henri II. Dans sa lettre à ce prince, ce sont là les deux

seules causes qu'il donne à ses prophéties : il ne dit pas un mot d'inspiration, ni de révélation divine.

Les défenseurs de Nostradamus disent à cela : 1° c'est par humilité que Nostradamus n'a pas voulu se dire prophète : il ne veut pas « s'attribuer un titre de si haute sublimité *pour le temps présent*, c'est-à-dire pendant sa vie. Mais il savait bien que ce titre lui serait donné plus tard. Dans les Centuries, en effet, il se nomme « le grand Prophète, le pénultième Prophète » (Cent. II, q. 28 et 36.)

Mais d'abord la phrase de Nostradamus peut signifier tout autre chose que ce que l'on prétend. S'il y avait : « Je ne veux pas *m'attribuer pour le temps présent* titre de si haute sublimité », les adversaires auraient raison ; mais « *pour le temps présent* » se rapporte aussi bien et plus naturellement même aux mots « *si haute sublimité* ». Et le sens serait : Je ne veux pas m'attribuer un titre qui est *présentement* « en si haute sublimité », en si grand honneur et considération, parce qu'il n'est plus commun, comme *autrefois* dans la primitive Eglise.

Ensuite il n'est nullement certain que Nostradamus ait voulu parler de lui dans les quatrains cités. On ne saurait rigoureusement démontrer qu'ils le désignent. Du reste, ce serait une contradiction de plus, que l'humilité ne suffirait point à expliquer ni à justifier. Car, dans l'hypothèse, Nostradamus étant un prophète extraordinaire, ayant une mission divine, devait la remplir avant tout. La vérité passe avant l'humilité. Son devoir l'obligeait à se faire connaître clairement pour ce qu'il était, afin de ne pas jeter le doute sur sa mission et sur l'œuvre de Dieu. C'est la conduite que le divin Esprit a toujours tracée à tous ceux qu'il a vraiment inspirées. Les prophètes des anciens temps, certainement plus riches en humilité que Nostradamus, disaient simplement et sans détour qu'ils étaient les envoyés du Seigneur, que Dieu parlait par leur bouche : « *Misit me Dominus, hæc dicit Dominus, sermo Domini ad me factusest* ».

2º On ajoute qu'en parlant de son *naturel instinct* et de ses longues supputations astronomiques, Nostradamus n'a pas voulu dire qu'il prophétisait par ces moyens, mais que le Seigneur s'était servi de la disposition naturelle et héréditaire de son esprit pour lui communiquer le don surnaturel de prophétie ; et que, lui, Nostradamus, avait profité de ses connaissances astronomiques pour fixer les lieux et les époques où devaient s'accomplir les faits que Dieu lui révélait.

Nous répliquons : Nostradamus n'a point dit un mot de toutes ces choses : on le fait parler contre lui-même. En preuve nous rappelons les passages déjà cités et quelques autres :

« A toi, César, mon fils, je laisserai par écrit mémoire de ce que la divine Essence *m'a donné connaissance par astronomiques révolutions.* » .... *Nous inspirant*, non par « bacchante fureur ni par *limphatiques* mouvements, mais *par astronomiques assertions* ».

« Etant surpris parfois la semaine *limphatiquant, j'ay composé livres de prophéties par longue calculation*, rendant les *études* nocturnes de soueve odeur. »

(Il y a une contradiction dans ces deux phrases de la même lettre à César ; il faut la relever en passant. Dans la première, l'astrologue dit qu'il ne prophétise pas en *limphatiquant*, ce qu'il affirme formellement dans la seconde.)

« A un très-sage prince, j'ay consacré *mes nocturnes*

« *et prophétiques supputations, composées plutôt d'un*
« *naturel instinct...* Et la plupart *composés* et accordés à
« *la calculation astronomique.* »

« Ne voulant pas *prophétiser seulement par l'instinct*
« *naturel* que j'ay reçu de mes ancêtres, mais ajoutant
« et accordant *ce naturel instinct* avec *ma longue sup-*
« *putation*, j'ai tout accordé (calculs et quatrains) et
« (en ai) *prophétisé* (une) partie par le trépied d'ai-
« rain. »

Dans tous ces passages, il n'est question que de calculs,
d'études sur les astres et d'instinct naturel comme la
cause unique de la prophétie, et nullement d'inspiration divine, pas même comme accompagnant et diri-
geant l'étude.

Encore une fois, ce n'est point ainsi qu'ont parlé les
prophètes sacrés ayant mission d'éclairer les hommes.
Ils ne mettaient en avant, quand ils prophétisaient en
écrits ou en actions, ni leurs aptitudes naturelles, ni
leurs études, ni leur science Ils disaient : « Je parle au
nom du Seigneur ; c'est lui qui m'a envoyé. »

Nostradamus est loin de dire avec cette netteté au
nom de qui il parle et qui l'a inspiré : il ne le sait pas
bien au juste. Et ce qui ressort le plus clairement de ses
écrits, c'est qu'il parle surtout au nom de ses études,
de ses calculs et de son instinct, c'est qu'il parle surtout
en son nom.

II. Les écrits de Nostradamus nous font connaître
quelques-unes de ses doctrines et pratiques prophétiques, qui sont pour le moins très-suspectes, et qu'il est
impossible de concilier avec une inspiration et une
mission divine.

Quiconque examinera sérieusement les ouvrages de

Nostradamus verra facilement la vérité de ce que nous avons dit dans la *Concordance* touchant la pensée de l'astrologue sur l'origine de ses lumières prophétiques (pages 79 et suiv.).

Il enseigne qu'il y a une lumière prophétique proprement dite et vraiment surnaturelle, qui vient de Dieu directement ou par le ministère des « bons anges, ses messagers de feu, enflamme missive [1] ». Cette lumière, il ne l'a pas reçue : il le répète à plusieurs reprises.

Il est une autre lumière prophétique, mais naturelle. Elle vient de Dieu, comme tous les dons de notre nature; c'est une sorte de révélation et d'inspiration. Elle s'obtient et se développe de trois manières principales :

1º Par un instinct naturel et de tempérament, par un privilége de race et une disposition héréditaire;

2º Par l'étude des astres et les procédés de l'astrologie judiciaire ;

3º Par l'emploi de certaines opérations théurgiques.

C'est par cette lumière qu'il a prédit l'avenir.

La première partie de cette assertion a été déjà suffisamment prouvée. La seconde et la troisième demandent des citations.

Lettre à César. « Quant à nous qui sommes humains, nous ne pouvons pas connaître de notre naturelle connaissance les profonds secrets de Dieu le Créateur; cependant il peut exister des personnes [2] auxquelles Dieu

---

1. Qui fecit angelos tuos spiritus, et ministros tuos, ignem urentem (Ps. 104. 4.) ; qui fecit angelos suos spiritus, et ministros suos, flammam ignis. (St Paul aux Hébreux, I, 7.) Dieu qui rend ses anges actifs comme les vents, et ses ministres, comme un feu brûlant, comme la flamme du feu.

2. Nostradamus, en ce passage, fait clairement entendre qu'il s'agit de lui-même.

le Créateur ait voulu révéler par imaginatives impressions quelques secrets de l'avenir, accordés avec l'*astrologie judicielle*.

« Et ces personnages avaient *certaine puissance et volontaire faculté qui venait par eux comme flambe de feu apparaît*, laquelle (flambe de feu ou faculté?) *inspirant* (donnant l'inspiration) on venait à juger les divines et humaines inspirations.....

« Mais quant aux occultes vaticinations qu'on vient à recevoir par *le subtil esprit de feu*, qui quelquefois par l'entendement (*est*) agité, contemplant *le plus haut des astres......* Mais moyennant quelque indivisible éternité *par comitiale agitation hiéraclienne* les causes (futures) par le céleste mouvement (des astres) sont connues..... L'entendement créé intellectuellement (l'esprit humain) ne peut voir occultement (les choses occultes) sinon *par la voix faicte aux limbes, moyennant la exiguë flamme*, en laquelle partie (manière) les causes futures se viendront à incliner (vers vous ») (vous amènerez à votre connaissance les choses de l'avenir). « Et aussi, mon fils, je te supplie, que jamais tu ne veuilles employer ton entendement à... la vanité de la plus qu'exécrable magie, réprouvée jadis par les sacrées Écritures, et par les divins canons, au chef duquel *est excepté* (de laquelle condamnation est exceptée) *le jugement* (l'étude) de *l'astrologie judicielle par laquelle*, et moyennant inspiration et révélation divine, par continuelle supputation. avons nos prophéties rédigées par écrit. »

... « *Telle lumière et flamme exiguë* est de toute efficace » (pour connaître l'avenir).

Lettre à Henri II..... « J'ai tout accordé (calculs e

quatrains) et *présagé* (prophétisé) une partie *tripode*
œneo » (par le trépied d'airain).

Centuries I, 9, 1 et 2.

> *Etant assis de nuit*, dans le *secret* de l'étude.
> Seul, reposé sur la *selle* (trépied) d'airain :
> (Une) *flambe exigue*, sortant de (la) solitude
> Fait proférer (ce) qui n'est à croire vain.
> *La verge en main* mise au milieu de *branches*.
> De l'onde il moulle et le limbe et le pied :
> Une peur et (une) *voix* frémissent par les manches ;
> Splendeur divine : le divin prés s'assied.

De l'efficace de l'éclypse de soleil 1566 et 1567.... « *Mars*
incontinent *de son mauvais aspect regardera* Jupiter op-
primé.... Sur quoi environ l'équinoxe *automnal... sont*
menassés, par le susdit Mars de la conjonction audit
temps de Vénus au soleil (dans le) signe Ariès (le Bélier)
au jour et heure *possesseur de Scorpius exaltation dudit*
Mars, certains grands princes et seigneurs de tous états,
de surprises par l'ennemy, non de petite conséquence.
Car *Saturne machinateur de trahison*, au signe de Gemini
(les Gémeaux) *colloqué en la VIe maison*, et *exaltation*
de Mercure, promet la mort d'un grand monarque par
occision ou emprisonnement, et *nous donne à entendre*
que, si la paix ne nous est d'en haut concédée..... pour
tels moyens (par ces moyens, en cette manière) sont
proposés (annoncés) *par les astres des maux infinis*, et tels
qu'il n'est pas loisible de les révéler ».

Signification de l'éclypse de 1559..... « Et parce que l'é-
clypse est en partie entre Piscès (les Poissons) et le deuxième
degré d'Ariès... qui est porté et va devant le quatrième et le
cinquième domicile du ciel, elle *menasse de quelques gran-*
des et fort étranges séditions, conspirations, conjurations,

contrariétés secrètes et querelles manifestes, même à
l'encontre de quelque Reine, ou homme vir ou non vir...
Mars, principal dominateur de l'Eclypse menasse d'une
subite et repentive mutation... s'en suivra mutation d'es-
tats, de règne, potestats. »

Nous le demandons à tout lecteur de bonne foi, cette
doctrine et ces pratiques ne sont- elles pas au moins fort
suspectes ? Les prophètes divinement inspirés ont-ils
parlé et agi de cette manière ? Leurs procédés d'inspiration, s'il était permis d'employer ce mot par rapport
à eux, sont-ils de cette espèce ?

On nie l'évidence quand on prétend que Nostradamus
n'a pas cru à l'astrologie et ne l'a pas pratiquée. Quand
il s'écrie dans son imprécation *contre les ineptes critiques:* « loin de moi tous les astrologues ! » cela ne signifie
nullement: « loin de moi l'astrologie ! » Car, en compagnie des astrologues, il repousse le vulgaire profane, les
imbéciles et les ignorants. Il avait ses raisons de mau-
dire les astrologues ses confrères qui lui faisaient une
guerre fort rude. Plusieurs démontrèrent qu'il n'était
qu'un ignare personnage, qu'il commettait les plus
grosses erreurs dans ses calculs, qu'il ne savait pas
même déterminer d'une manière précise la marche de
la lune et l'entrée des saisons, que ses écrits fourmil-
laient de fautes les plus grossières et les plus ridicules.
Un d'entre eux les releva avec dureté et lui prodigua à
cette occasion les épithètes « d'ignorant, d'âne et de
grosse bête [1]. Nostradamus répondit par des gentillesses
de même aloi: « Tous ceux qui écrivent contre moi,

1. Déclaration des abus et ignorance de Michel Nostradamus, par
Laurent Vidal. Avignon, 1558, in-8°.

disait-il (signification de l'éclypse de 1559), sont totale-
ment bêstes brutes, asnes hébétés, grossières bestes...
et grosses bestiasses ». Ce qui n'est précisément pas le
style d'un prophète inspiré de Dieu.

Mais son astrologie, affirme-t-on, ne consiste pas à
donner la position des planètes *comme cause* des événements, ainsi que le veut l'astrologie judiciaire. Nostradamus indique seulement l'état du ciel et le moment où
auront lieu les faits prédits; la position des astres est
présentée par lui « comme concommittente et indica-
tive des événements ». Ce n'est pas faire de l'astrologie,
mais de l'astronomie.

— Vous prêtez vos idées à l'astrologue. Vous êtes en
contradiction formelle et avec ses propres paroles, et
avec l'histoire.

Nostradamus dit expressément et fort clairement, re-
portez-vous aux textes cités, qu'il a eu connaissance de
l'avenir par *astronomiques révolutions*, qu'il a été inspiré par *astronomiques assertions*, qu'il a composé et
rédigé ses prophéties par longue *calculation* et par *l'astrologie judicielle*.

Si on ne reconnaît pas la doctrine et le langage d'un
fervent astrologue dans nos citations de *l'Efficace*, etc., et
de *la signification de l'Eclypse*, etc., c'est qu'on ne voudra
pas l'avouer.

Est-ce qu'il ne nous y montre pas les astres comme
annonçant et causant les événements ? « *Mars menace
« de surprises*, etc., d'une subite mutation d'Etat; »
« *Saturne promet la mort* d'un grand monarque; »
« *Par les astres nous sont proposés* maux infinis. »

Les principaux termes de l'astrologie dans les horoscopes particuliers ou généraux s'y trouvent :

1º *Les maisons.* Le *thème* ou la figure de l'horoscope tracée sur le papier devait être partagée en ~~six~~ divisions qu'on appelait *maisons.* La 1re était la maison de la naissance. la 2e de la vie, la 3e de la fortune, la 4e des parents, la 5e des frères, la 6e *de la mort* et du tombeau : *La planète Saturne* étant dans la *VI*e *maison*, *promet* (annonce) *la mort* d'un grand monarque !

2º *Les regards* bons ou mauvais que *jettent* les astres et les *aspects* qu'ils présentent : « Mars de son *mauvais aspect regardera* Jupiter. »

3º Les conjonctions des planètes dans la *même maison*, heureuse ou malheureuse, selon que leur influence est bonne ou mauvaise, se fortifie ou se neutralise, etc.

« Conjonction de Vénus au soleil dans le signe d'Ariès. »

4º *Les astres Seigneurs où possesseurs.* Dans l'astrologie, chaque planète a pour *maison* spéciale un signe du zodiaque, qu'elle est censée préférer aux autres, et dont elle est le *dominus,* le Seigneur, le possesseur ; et quand une planète se trouve dans sà maison de prédilection au moment d'un horoscope, les astrologues en tirent certaines conséquences.

« Mars, possesseur de Scorpius », le Scorpion, 8e signe du zodiaque. Pour la plupart des astrologues, c'est Mars qui est en effet le Seigneur du 8e signe. Pour quelques autres, c'est Jupiter.

5º *Les astres ascendants, dominateurs, maîtres de l'ascendant;* sont les planètes qui occupent la position la plus élevée dans la *maison*, dans le signe zodiacal; leur influence est d'autant plus puissante sur les événe-

ments : « Exaltation de Mars, en la VI⁰ maison. » Exaltation de Mercure; Mars principal dominateur de
l'Eclypse [1].

L'histoire n'est pas moins affirmative en ce point que
les propres écrits de Nostradamus.

Il faut prendre les mots dont se sert un auteur dans
le sens où on les employait à son époque. Or, aux xv⁰
et xvi⁰ siècles, il est d'évidence historique que savants
et ignorants croyaient qu'on pouvait connaître et
essayaient de prédire l'avenir *par le moyen des astres*,
par les mouvements et la position des corps célestes,
par les calculs et les supputations astronomiques, par
l'astrologie judiciaire, en un mot. Tout le monde s'en
mêlait. On la regardait alors comme une science. On en
faisait écoles et cours publics. Les astrologues étaient
en honneur, et les plus habiles en cette prétendue
science passaient pour de très-profonds savants et se
voyaient recherchés des grands et des rois C'est précisément à cause de cela que Nostradamus, pour faire valoir
son mérite personnel, ne dit pas un mot de son inspiration divine dans sa lettre à Henri II, tandis qu'il insiste
sur son *naturel instinct*, qui lui donnait plus d'aptitude
que ses confrères, et qu'il mit en avant surtout ses
longs calculs et ses nocturnes travaux sur les astres.

Nous savons par l'histoire que Nostradamus a pratiqué l'astrologie. Il a fait l'horoscope d'éminents personnages de son temps. Le gouverneur de Henri IV
lui conduisit ce jeune prince, et l'astrologue *vaticina*

1. Voir Nouvelle Encyclopédie Théologique de Migne, diction-
naire des Prophéties et des Miracles, art. Astrologie.

qu'il deviendrait Roi et qu'il aurait un très-long règne.
Il était facile et habile de prédire la première chose ;
mais malheureusement pour la France, la seconde, impossible à savoir par les astres, ne se réalisa pas.

Nous voyons bien que Nostradamus repousse la *magie
noire* et tout commerce avec les démons. Mais nous ne
pouvons pas nous empêcher de voir en même temps qu'il
prône en ses écrits et qu'il a pratiqué des procédés de
divination fort suspects et que n'ont certes jamais employé
les prophètes divinement inspirés. Sa profession de foi
catholique et les sentiments religieux dont il a pu faire
montre n'infirment point la signification de ses paroles.
Il n'était pas rare, il y a quelques années, de rencontrer
nombre de gens qui se prétendaient excellents chrétiens
et qui se livraient avec ardeur aux pratiques du haut
magnétisme et du spiritisme, tout en protestant qu'ils
n'avaient et ne voulaient avoir commerce qu'avec de
bons esprits.

Qu'était-ce donc que cette *limphatication* qui le saisis-
sait parfois, cette *longue inspiration mélancolique*, *ces
émotions infuses à certaines heures délaissées*, qui sont
associées à ses nocturnes calculs? Quelle est *cette agitation
épileptique et prophétique* [1]? Et *ce trépied et cette selle d'airain*? N'est-ce pas là le mode employé par les Pythonisses de Delphes pour connaître l'avenir; et leur état
physique pendant l'inspiration?

Et *la verge en main*, que peut-elle être, sinon la
baguette magique?

---

1. Comitiale agitation hiéraclienne. *Comitialis morbus* signifie
épilépsie ; *hiéraclienne*, mot forgé par Nostradamus, du grec *iéros*,
sacré, et de *cléon*, bruit, nouvelle, parole.

Et la *voix faite aux limbes* ? *La voix* frémissant par les manches ? Ne rappellent-elles pas l'évocation des âmes des morts et les conversations avec les défunts, renouvelées de nos jours par les spirites ?

Que veut dire *la flamme exiguë, la flambe de feu, l'exiguë flamme* ?

On ne saurait l'entendre des « bons anges, messagers de feu, enflamme missive » : l'ensemble des textes s'y oppose formellement. Cette « certaine puissance et volontaire faculté qui venait par certains personnages, comme flambe de feu apparaît », ne peut pas évidemment signifier les anges.

On serait tenté de rapprocher tout ce passage de l'enseignement donné par M. le docteur anglais Passavant (Londres, 1852) sur les phénomènes du magnétisme transcendental.

« Cette force occulte [1], dit-il, qui est la vision, ou
« plutôt le principe de la vision chez les voyants (du
« magnétisme), peut s'appeler *vision solaire* ; car le
« voyant éclaire et pénètre son objet avec *la lumière*
« *organique qui lui est propre*, c'est-à-dire avec son éther
« nerveux ou son fluide, qui devient l'instrument de
« son esprit. Et dans des circonstances données, *cette*
« *lumière se rend visible* [2]. » Les adeptes appellent
« encore cette lumière *astrale* et *spectrale*.

---

1. Nostradamus parle souvent de cause occulte, de vertu occulte, par laquelle l'esprit humain éclairé voit l'avenir. (Lettre à César.)

2. Voir *La Magie au 19e siècle* par M. Gougenot des Mousseaux, 1871, p. 350. L'auteur prouve que le magnétisme et le spiritisme ne sont que des formes nouvelles de l'ancienne magie, et il démontre que ce fluide, cette lumière, n'est autre chose qu'un mauvais esprit ou bien l'agent, l'instrument dont il se sert.

Y aurait-il une grande différence entre cette *lumière organique qui est propre* au magnétisé *et qui quelquefois se rend visible*, et cette certaine *puissance et volontaire faculté* de certains personnages *venant par eux comme flambe de feu apparaît* ?

Est-il possible d'admettre que le Dieu de toute sainteté ait voulu communiquer ses lumières par ces procédés de la magie, ou qu'il ait consenti à y mêler, ou à donner quand même, ses divines inspirations ?

III. La forme sous laquelle Nostradamus a mis ses prédictions est indigne de la majesté divine. Dieu n'a pas pu « révéler l'avenir sous une enveloppe si ténébreuse et si impénétrable, dans un langage qui n'est d'aucun peuple, puisqu'il emploie des mots de toutes les langues, avec la forme puérile et grotesque du logogriphe, du calembour, de l'anagramme et des jeux de mots » : ce n'est point ainsi qu'un prophète inspiré et envoyé de Dieu aurait parlé aux hommes.

Les adeptes de l'astrologue répondent : que le prophète Daniel a joué sur les mots dans le jugement des vieillards accusateurs de Suzanne ; que Notre-Seigneur lui-même l'a fait aussi en disant : « Tu es Pierre et sur cette pierre je bâtirai mon Eglise » ; que les contemporains de Nostradamus employaient cette sorte de langage hybridé et mêlaient les mots de plusieurs langues.

Quelle qu'ait été leur culture intellectuelle, l'Esprit saint, pour l'honneur de sa majesté divine, ne pouvait pas permettre que les écrivains sacrés se servissent d'un autre langage que celui des hommes graves et raisonnables de leur temps. En réalité, les prophètes canoniques n'en ont point employé d'autres. Quand ils se sont permis quelques jeux de mots, ils l'ont fait, comme le font les hommes sérieux de tous les pays, fort rarement, d'une manière très-compréhensible, pour apporter du relief à leur pensée et frapper l'attention. On en compterait tout au plus une vingtaine dans les saintes Ecritures répartis en 72 livres, entre une quarantaine d'auteurs différents, et dans une durée d'environ 2,000 années. Il n'y a certainement pas abus.

Les érudits se sont donnés quelquefois entre eux, plus ou moins selon le goût de leur siècle, la licence de mêler dans leurs phrases des mots de plusieurs langues savantes. Parmi eux, les gens sensés ne parlent point de la sorte quand ils s'adressent à tout le monde.

Mais jamais, en aucun temps et chez aucun peuple, on ne regarderait comme employant un langage raisonnable et comme étant un homme raisonnable, celui qui aurait composé un discours ou un livre en majeure partie avec des mots de langues différentes, avec des calembours, des anagrammes et des jeux de mots. C'est le cas de Nostradamus : il est le seul de son espèce en son siècle et dans l'histoire du monde. Son langage, qui n'est ni raisonnable, ni d'un homme raisonnable, ne peut donc pas être l'instrument d'une révélation divine et encore moins être inspiré par le Saint-Esprit.

On insiste : Cette forme était nécessaire pour voiler la pensée du prophète qui avait une sérieuse raison de la cacher : « Il était absolument nécessaire, pour le repos « public et la liberté de tous, qu'une prophétie limitant « les lieux, temps et le terme préfix » des événements et nommant bien des personnes par leur nom propre , fût un livre scellé comme l'Apocalypse [1].

Ceci ne répond à rien et fait de nouvelles difficultés.

D'abord, quoique l'Apocalypse soit un livre scellé et presque incompréhensible , le langage en est toujours digne de Dieu par sa gravité, sa noblesse, sa sublimité. Les mots, les phrases, les idées mêmes sont très-compréhensibles ; on sait ce que veut dire le prophète ; la difficulté commence seulement quand il s'agit de déterminer à quels faits s'appliquent ou s'appliqueront les paroles inspirées. La parité en ce point, comme en bien d'autres, n'existe donc pas entre Nostradamus et saint Jean.

Ensuite, ou bien Nostradamus a prophétisé uniquement pour son époque : alors, selon l'hypothèse, étant un prophète inspiré de Dieu et ayant mission d'éclairer l'Eglise , il ne devait pas plus craindre « de troubler le repos public et d'entraver la liberté » que les prophètes sacrés. Il était nécessaire qu'il fît ce que Isaïe, Jérémie et tous les autres ont fait, qu'il annonçât clairement l'avenir aux rois, aux grands et aux peuples, sans crainte comme sans dissimulation. Agir autrement, c'était mentir à sa mission, résister à l'Esprit de Dieu.

Ou bien ses prophéties ne portent que sur notre siècle. Dans ce cas, pour l'époque de Nostradamus, la nécessité d'être obscur se comprend encore moins. Car princes et sujets ne se seraient guère tourmentés d'événements très-clairement prédits, mais qui ne se réaliseraient que

---

1. Lettre du grand prophète : Mac-Mahon et Napoléon IV. 1873, par M. Torné.

dans trois cents ans; et de telles prédictions ne devaient pas vraiment gêner beaucoup la liberté de ceux qui les auraient entendues.

Quant aux temps actuels, s'il y a réellement lieu de craindre que ces prophéties, qui « limitent les lieux, le temps, le terme préfix des événements, et nomment les personnes par leur nom, troublent le repos public et entravent la liberté », c'est à MM. les interprètes de Nostradamus, et en particulier à celui qui a trouvé cette belle raison, de cesser tout à fait leurs travaux, puisque sans eux nous ne verrions dans l'astrologue ni faits, ni lieux, ni temps, ni terme préfix de quoi que ce soit.

Ou bien enfin, comme Nostradamus le dit lui-même, il a voulu prophétiser à partir de son époque jusqu'à la nôtre et au delà. Alors ç'aurait été pour lui une situation analogue à celle de saint Jean : il faisait une Apocalypse nouvelle. Mais rien ne l'obligeait de prendre exprès une forme ridicule pour que l'avenir fût caché. Même avec un langage clair et convenable, l'étendue de la prophétie, le lointain des événements, auraient nécessairement formé une obscurité suffisante pour que, en aucun siècle, ni le repos public, ni la liberté ne fussent troublés ou entravés. Si l'Esprit saint avait été véritablement l'illuminateur de Nostradamus, ce Dieu de majesté lui aurait fait prendre, comme au voyant de Pathmos, cette forme sérieuse et digne, parce qu'il devait prévoir que l'enveloppe bouffonne et absurde dans laquelle son prophète enfermait ses visions, rendrait sa mission et son inspiration plus que douteuses et, pour tous les âges, inutiles à l'Eglise.

Enfin, est-ce que la prophétie peut jamais entraver la

liberté ? Ne restons-nous pas toujours libres , après qu'elle nous a été révélée, comme avant, de faire ce qu'il nous plaît ? La prédiction si claire d'Agabus a-t-elle « entravé la liberté » de saint Paul ? La prophétie est donnée pour aider la liberté, et pour cela il est nécessaire qu'elle soit suffisamment compréhensible.

Le motif réel de cette obscurité calculée, Nostradamus le donne, et il n'est pas à son honneur. C'est pourquoi ses admirateurs le cachent et en inventent d'autres.

Il avait peur, dit-il piteusement, « de l'injure, de la « calomnie des méchants, de la censure qui troublait « son repos nocturne, de donner cause aux calomnia- « teurs de le mordre ». Il réclame contre eux la protection du roi. C'est-à-dire qu'il redoutait les rudes critiques et les moqueries de ses confrères en astrologie, qui n'auraient pas manqué, s'il avait parlé clairement, de l'attaquer à l'occasion de dates aventurées et de fausses prophéties. Il voulait éviter ce que déjà il avait plus d'une fois expérimenté. Aussi, en homme habile, s'est-il efforcé de donner à ses prédictions une tournure obscure et ambiguë, afin qu'on ne pût point pendant sa vie lui en reprocher la fausseté.

On ne reconnaît pas là le vrai prophète, l'homme qui a reçu l'inspiration divine, qui a la certitude de cette inspiration, et qui ne craint pas « qu'aucune de ses paroles ne tombe à terre [1] ».

Malheureusement pour sa réputation posthume, Nostradamus n'a pas craint de se lancer dans les prédictions nettes et précises à dates séculaires. C'est seule-

---

1. Ier livre des Rois c. III. v. 19.

ment dans ces quelques prophéties d'un très-lointain avenir qu'il parle avec clarté, et précisément celles-là de tous points sont fausses. Nous allons le prouver.

IV. Les écrits de Nostradamus renferment des choses complétement fausses :

1° Des contradictions et de grossières erreurs de calcul ;

2° Plusieurs fausses prophéties.

1° *Erreurs de calcul.*

Dans sa lettre à Henri II. Nostradamus compte les années qui se sont écoulées depuis Adam jusqu'à Jésus-Christ. Il donne la durée des époques intermédiaires, qu'il écrit en toutes lettres, sans en faire le total. Le chiffre de ce total est de 4757, ou 8 années depuis Adam jusqu'à Jésus-Christ. Tout a été supputé, dit-il, « selon les sacrées Escripturis (Ecritures) et mes *calculations astronomiques* ».

Puis, dans un second calcul, à quelques pages de là, il suppute d'une manière plus détaillée ces époques intermédiaires. Par l'addition de toutes les dates, on obtient le chiffre de 4092 ans. Mais Nostradamus, négligeant sans doute de faire l'addition, ou la faisant de travers, ou bien se rappelant imparfaitement le total de son compte précédent, nous dit gravement : « Et ainsi, « de la création du monde à Jésus-Christ par cette sup- « putation que j'aie faite colligée par les sacrées lettres, « sont environ *quatre mille sept cent septante trois ans* « et huit mois. » (4773).... Ayant calculé le tout *par* « *doctrine astronomique.* »

En expliquant par une distraction la différence qu'il y a entre les chiffres 4757 et 4773 (15 ou 16 ans), il n'est pas moins évident que les deux additions détaillées des années d'Adam à Jésus-Christ diffèrent de 665 ou 681 ans. C'est une différence, dira quelqu'un, qui vient des saintes Écritures elles-mêmes, dont les textes présentent des variations de dates. Soit ; mais les deux computs ont été faits *par calcul et doctrine astronomiques.* Les mouvements des astres peuvent-ils offrir dans leurs révolutions quelques légers écarts de 6 à 700 ans ?... Alors que ce soit Nostradamus ou les planètes qui se trompent, ceci n'est pas fait pour nous donner une grande confiance dans les autres prédictions de l'astrologue par « le cours du mouvement céleste », surtout quant à la détermination de l'époque des faits annoncés. Tout au moins, on avouera qu'il n'a été ni inspiré ni assisté de l'Esprit saint pour faire de si exactes « calculations ».

Ce n'est pas tout. Voici d'autres contradictions qui ne sont pas moins fortes.

Dans sa lettre à César, datée de 1555, Nostradamus dit que « selon le jugement céleste (le calcul astro- « nomique) nous sommes au *septième nombre de mille* « (au 7ᵉ *millénaire* depuis le commencement du « monde), nous approchant du huitième. »

Cette assertion est contradictoire avec les précédents calculs.

Si 1° on prend le chiffre 4773, donné en toutes lettres par Nostradamus, et ressortant (à 16 ans près, 4757) de sa première supputation, en additionnant avec le chiffre de l'année 1555, nous obtiendrons un total de 6328 ans pour l'âge du monde. Nous avons bien le 7ᵉ millénaire, mais seulement en son commencement ; et il *n'approche* point

4*

du huitième, puisque la première moitié de ce septième millénaire n'est pas encore atteinte.

Si 2° nous prenons l'autre total 4092 ; en l'ajoutant à 1555, nous avons 5647, et ce n'est plus que le milieu *du* 6e *millénaire* seulement !

De plus, dans un passage de la lettre à Henri II, Nostradamus nous dit que les événements marqués dans ses quatrains prophétiques commencent au 14 mars 1557 et vont « bien loin jusqu'à l'avénement (l'avenir) « qui sera au commencement du 7e millénaire profondé- « ment supputé ». Dans un autre endroit, il indique plusieurs événements qui ne seront proche d'arriver que dans le 7e millénaire. Or, si ces indications sont assez concordantes avec le second calcul de l'âge du monde 5647 où il y a encore 350 et quelques années à courir pour arriver au commencement du 7e millénaire, elles sont en complète contradiction : 1° avec le premier calcul 6328 dans lequel à son époque (1557) déjà le 7e millénaire était commencé, et 2° avec ce qu'il enseigne à César que « selon le jugement céleste nous sommes (en 1555) au 7e nombre de mille, approchant du 8e !

Et cependant à chaque calcul Nostradamus affirme qu'il a tout supputé par doctrine astronomique , « *limitant* ainsi *les lieux, temps et termes préfix* » des événements prédits ! C'est une doctrine vraiment bien précise et par laquelle nous devons être sûrement fixés sur les faits et leurs époques !... A moins que ce ne soit Nostradamus qui, ne la connaissant pas assez, se trompe un peu ! ! !

2º *Fausses prophéties.*

1º La lettre à Henri II contient plusieurs prédictions que les événements ont prouvé être entièrement fausses.

Nostradamus dit que les prophéties de ses quatrains sont : « accommançant depuis le temps présent qui est « le 14 mars 1557 ».... Plus loin il donne le mouvement et la position des planètes dans les différents mois de cette année ; puis il y ajoute :

« L'*année* sera pacifique et sans éclypse , et non du « tout (mais pas tout entière), et (car elle) sera *le com-* « *mencement* de ce que durera (du temps que durera) « et *commençant* (en) icelle année sera faicte plus grande « persécution à l'Eglise chrétienne qne n'a été faicte en « Afrique, *et durera* ceste-ci (persécution) *jusque à l'an* « *mil sept cent nonante deux* (1792) que l'on cuidera « (croira) être une rénovation de siècle ; *après* commen- « cera le peuple romain de se redresser.... Venise *èn* « *après* (après ce temps, cette année 1792) en grande « force et puissance lèvera ses ailes si très haut, ne dis- « tant guères aux forces de l'antique Rome. »

Nostradamus annonce ici fort clairement contre son habitude : 1º qu'une persécution plus terrible que celle de Genséric et d'Hunéric commencera pour l'Eglise universelle en 1557 et finira en 1792 qui sera l'année d'une nouvelle ère, d'une rénovation pour l'Eglise ; 2º qu'*après* cette année, le peuple romain commencera de se redresser, la République de Venise deviendra presque aussi puissante que l'ancienne Rome.

Or cette triple prophétie avec ses dates est aussi malheureuse que possible. La trop grande clarté et précision

joue un mauvais tour au prophète. Car : 1º l'Église universelle n'a point subi de persécution dans le genre de
celle de l'Afrique depuis l'année 1557 jusqu'en 1792 ;
2º tout au contraire, cette année 1792, bien loin d'être
la fin de l'épreuve et le commencement de la paix, a vu
se déchaîner sur l'Église de France une terrible tempête
et a ouvert dans toute l'Europe une ère de persécution
religieuse qui n'est pas encore terminée ; 3º quatre années
« après », en 1797, « le peuple romain » des Etats de
l'Église et de toute l'Italie, au lieu de « commencer à se
redresser », se fit successivement écraser par les armées
françaises, républicaines d'abord, puis impériales, et
tout son territoire fut annexé à la France. 5º Quatre
années aussi « en après » (1797) la République de Vé-
nise perdait, sous les coups de Bonaparte, et sa puissance
et son indépendance qu'elle n'a point recouvrées depuis.

Sur tous les points de la prédiction on ne pouvait pas
se tromper plus lourdement.

Pierre d'Ailly en 1414, Pierre Turrel et Richard Rous-
set, contemporains de Nostradamus, avaient annoncé une
grande révolution, surtout dans les lois, pour l'année
1789. Notre astrologue n'a pas voulu dire comme ses
confrères, et aussi complétement que possible il a été
faux prophète [1].

---

1. Sur l'autorité de M. de Maistre, qui attribuait à Nostradamus
ce qui appartenait à d'autres (*Soirées de Saint-Pétersbourg*, note
IVe sur le XIe Entretien) et sans penser à contrôler son assertion
par le texte même de la lettre à Henri II, j'ai concédé dans la
Concordancé (p. 70) que Nostradamus avait au 16e siècle annoncé
la Révolution française. M. de Maistre et ceux qui l'ont dit avec lui
et après lui se sont trompés. La simple lecture du texte montre

On veut, malgré tout, justifier Nostradamus, et on ose dire qu'il a fait *exprès* ces contradictions, ces erreurs grossières, ces fausses prophéties, afin d'atteindre le but qu'il voulait : se faire mépriser, tenir sa prophétie dans l'ombre jusqu'aux temps marqués, et réaliser ainsi un de ses prédictions : « on marchera par-dessus et devant » la prophétie, et « le divin verbe sera du ciel frappé ».

Si cela est vrai, — et Nostradamus, au compte de qui l'on met tant de choses, ne peut point venir pour le contredire, — c'est une preuve de plus qu'il n'a reçu ni mission ni inspiration divines. Une telle manière d'agir est entièrement contraire : 1º à la sainteté de l'Esprit de Dieu qui, sous quelque prétexte que ce soit, ne saurait ni inspirer l'erreur, ni porter à mentir ; 2º à sa sagesse, car elle ne devait pas employer un moyen qui, faisant repousser ou tenir en doute la mission de son envoyé, était directement opposé à son but principal ; 3º à sa toute-puissance : Dieu n'a besoin ni de la contradiction, ni de la dissimulation pour arriver à ses fins.

2º A ces fausses prophéties joignons les nombreuses prédictions que Nostradamus a faites dans la *signification de l'Eclypse de* 1559 et dont *pas une seule* ne s'est accomplie.

Pour expliquer ce non-accomplissement, on ne craint pas d'affirmer que Nostradamus n'avait point en vue dans cet écrit l'éclipse physique du soleil de 1559,

---

avec évidence que ce piètre astrologue a prédit tout le contraire. Il n'a donc pas été même « savant pronostiqueur de quelque grand événement ». C'était encore « une plume volée » !

et les faits qu'elle devait causer selon ses dires, en cette année et les suivantes, « puisque aucun des événements prédits ne s'est accompli alors » ; *mais bien plutôt l'éclipse de la royauté, l'éclipse d'Henri V, à notre époque;* et que ces faits symboliques reçoivent aujourd'hui leur réalisation ! « Jésus, ajoute-t-on, mêlait « ses pro-« phéties sur la fin du monde et ses prophéties sur « Jérusalem. » Outre que la comparaison est odieuse, il y a une petite différence : c'est que les prophéties de notre divin Sauveur sur Jérusalem, symboliques en un sens et très-réelles dans l'autre, se sont parfaitement accomplies.

A de pareils raisonnements, à cette façon d'interpréter et de justifier une prophétie manquée, il n'y a pas de réponse à faire. Avec cette méthode on peut se charger de prouver que l'*Iliade* est la prédiction des croisades.

Le Dieu de vérité n'a donc point inspiré le faux prophète Nostradamus,

Donc les écrits de Nostradamus, bien loin de donner des preuves en faveur de son inspiration et de sa mission divine nous fournissent au contraire les plus sérieuses raisons de lui dénier l'une et l'autre.

II.— *Preuves extrinsèques.*

Peut-être serons-nous plus heureux en cherchant en dehors des écrits de Nostradamus, et trouverons-nous quelques raisons de le regarder comme prophète envoyé de Dieu.

A-t-il fait des miracles ? A-t-il été un Saint ? L'Eglise a-t-elle reconnu sa mission et son inspiration prophétique ?

Des miracles ? Nostradamus n'a pas fait le plus petit prodige. L'histoire n'en a pas gardé le moindre souvenir, et ses partisans les plus enthousiastes n'ont pas pu venir à bout d'en découvrir et d'en relater un seul.

Sa sainteté ? Nostradamus n'est certainement pas un saint. On fait aujourd'hui tout ce que l'on peut pour le grandir. Si on osait, on lui donnerait volontiers le titre de bienheureux, à tout le moins de vénérable. « Il a eu la foi, dit-on, il a aimé Dieu, la sainte Vierge, saint Michel, l'Église, le Pape, la France et le Roi ; il s'est montré médecin dévoué et habile en un temps de peste ; il a fait une bonne mort[1]. » Nous ne contredisons à rien de tous ces dires. Tout cela prouve qu'il a été bon chrétien ; mais tout cela ne sufit pas pour faire un saint. Et pas plus que de miracle, l'histoire n'a enregistré qu'il fût mort même en odeur de sainteté.

Qu'en dit l'Eglise ? Qu'en pensent et qu'en disent Nosseigneurs les Evêques, les premiers juges en cette matière ? Nous ne le savons pas pour tous ; mais nous le savons pertinemment pour trois.

Mgr Pie, notre illustre évêque de Poitiers, nous a dit à nous-même : « Il faut avoir perdu le bon sens pour croire aux prophéties de Nostradamus. »

Mgr Cousseau, le savant évêque d'Angoulême, depuis démissionnaire, nous écrivait en 1872 : « J'ai fort goûté votre sévère critique de Nostradamus et de son récent interprète. »

Mgr Dupanloup, le célèbre évêque d'Orléans, dans un acte épiscopal public, vient de frapper l'astrologne et ses

---

1. M. Torné, *passim.*

commentateurs d'un coup dont ils ne se relèveront point.

En dernier ressort, si la question était portée à son tribunal, quel jugement pourrait porter le Souverain Pontife ?

Nous l'ignorons. Mais il nous semble n'être point dans l'erreur en pensant qu'il enverrait aux écrits de Nostradamus et de ses interprètes autre chose que « des bénédictions ».

Donc, concluons-nous, il n'existe aucune preuve ni extrinsèque, ni intrinsèque, d'où l'on puisse inférer avec raison que Nostradamus soit un prophète extraordinaire ayant mission d'éclairer l'Eglise.

SECONDE HYPOTHÈSE : NOSTRADAMUS, PROPHÈTE PRIVÉ.

Mais, au moins, Nostradamus est un prophète privé, supérieur aux autres ? Nous disons encore : Non : 1º parce qu'il répugne à la raison et au sens catholique d'admettre qu'un homme qui a, de son propre aveu et du témoignage de l'histoire, pratiqué l'astrologie et la théurgie, qui a mis en œuvre, pour s'inspirer, et le trépied d'airain et l'agitation épileptique, les procédés, en un mot, des pythonisses païennes, ait pu recevoir de l'Esprit saint les lumières prophétiques que l'on dit.

2º Parce que ses écrits manquent entièrement de la *condition indispensable* pour que nous les acceptions comme renfermant l'avenir révélé par Dieu.

La prophétie privée, ne cessons de le répéter, n'a qu'un but principal, ou, pour mieux dire, un but unique : L'UTILITÉ PARTICULIÈRE DES FIDÈLES.

C'est la doctrine de saint Paul (1ʳᵉ Epît. aux Corin-

thiens, ch. XII et XIV). Il enseigne que tous les dons surnaturels extraordinaires du Saint-Esprit, qu'il appelle
dons spirituels, et dans l'énumération desquels il compte
la *prophétie privée*, sont donnés par l'Esprit de Dieu, à
qui il veut et comme il veut, pour *l'utilité des fidèles*.
« *Unicuique autem datur manifestatio spiritus ad* UTILI-
TATEM. » Plus loin il ajoute : *Qui prophetat, hominibus lo-
quitur ad œdificationem, et exhortationem et consolatio-
nem* (ch. XIV. v. 3) : « Celui qui prophétise parle aux
hommes pour l'édification, et l'exhortation et la consolation. » De l'ensemble des deux chap. XII et XIV ressort
avec évidence cette vérité.

L'Esprit saint révèle donc l'avenir aux prophètes
privés, tantôt pour avertir les fidèles des châtiments ou
des maux qui les menacent en particulier ou en général,
tantôt pour les exhorter, les encourager, les consoler
dans leurs épreuves personnelles ou dans celles de l'E-
glise et de la société.

On ne peut pas dire actuellement que la prophétie
privée soit directement et par elle-même utile à l'Eglise.
Elle est utile dans l'Eglise, aux membres de l'Eglise, de
la même manière et dans la même mesure que les autres dons extraordinaires. Mais quand même il n'y aurait
plus de prophéties privées, quand même aucune d'elles
ne se réaliserait, l'éclat de la mission et de l'autorité divine de l'Eglise catholique n'en serait point diminué

.1. Le mot *prophetat* n'a pas dans ce passage le sens rigoureux de
prédiction de l'avenir ; mais la conclusion que nous en tirons n'est
pas moins logique et certaine, parce que la pensée de saint Paul
comprend tous les dons surnaturels, extraordinaires , qui tous sont
comme celui-ci, pour l'édification, l'exhortation, etc.

d'un seul de ses rayons, et tous les membres de l'Eglise trouveraient encore en elle avec surabondance les secours nécessaires et utiles à leur salut.

Mais, pour que la prophétie privée *atteigne son but*, pour qu'*elle soit utile aux fidèles* par l'exhortation, l'avertissement et la consolation, elle doit avoir une condition *absolument nécessaire* : il faut qu'elle soit *assez claire* pour que les fidèles puissent *suffisamment comprendre* ce qu'elle annonce, afin d'être réellement avertis, exhortés, consolés !

Une prophétie privée qui ne serait point accessible à l'intelligence des hommes, même d'un esprit cultivé, soit dans son texte, soit dans une version exacte, manquerait complétement son but, serait parfaitement inutile, et dès lors ne viendrait point de l'Esprit de Dieu, qui ne fait rien d'*inutile*.

Qu'on ne dise pas : les prophéties sacrées sont obscures ; l'Eglise reconnaît qu'il a fallu le plus souvent l'accomplissement de la prophétie pour en fixer clairement le sens ; et pourtant on n'en peut pas conclure qu'elles sont inutiles et aux fidèles et à l'Eglise.

La parité n'existe point entre les prophéties canoniques et les prophéties privées.

Ce n'est pas à ses caractères intrinsèques que je dois reconnaître la prophétie sacrée. C'est l'autorité de l'Eglise seule qui me la montre avec certitude. Obscure ou non, je suis certain que la prophétie scripturale a une origine divine. Et si de cette prophétie, qui n'a pas été faite uniquement pour moi, simple fidèle, et pour mes intérêts particuliers, mais pour les intérêts de toute l'Eglise et de l'univers, je ne vois maintenant l'utilité, ni pour moi, ni pour l'Eglise en général, parce que je ne la comprends pas; plus tard, au moment qu'a marqué la divine Sagesse, je saurai par la parole infaillible de l'Eglise ce qu'elle signifie et je verrai avec admiration quelles sont pour moi-même et pour tous son importance et son utilité.

Mais à l'égard de la prophétie privée, je suis constitué juge par le Saint-Esprit, et j'ai le droit et le devoir de chercher, selon les lumières de la raison, ce qui vient de Dieu et ce qui n'en vient pas. Or comment veut-on que je prononce un jugement sur un écrit que je ne puis comprendre, comment pourrai-je faire le choix qui m'est recommandé et reconnaître ce qui est bon dans une prophétie où je ne vois ni sens ni signification ?

La saine raison me dira de porter ce jugement : Cette prophétie n'est ni suffisamment claire, ni assez compréhensible pour m'être utile, donc elle ne vient point de l'Esprit de Dieu, donc je dois la rejeter.

En fait, c'est avec ce double caractère de clarté et d'utilité que nous voyons se produire le don de prophétie dans la primitive Église.

Nous lisons, dans les Actes des Apôtres, qu'un chrétien nommé Agabus avait l'esprit de prophétie et qu'étant venu de Jérusalem à Antioche, il annonça aux fidèles de cette ville une grande famine qui aurait lieu bientôt dans tout l'univers. Ce qui arriva environ un an après, la seconde année du règne de Claude (42 de l'ère chrétienne). Les chrétiens avertis prennent leurs précautions et se cotisent pour envoyer au moment opportun des secours à leurs frères de Judée. (Act. des Ap. c. XI, v. 28-30.)

Saint Paul, étant à Ephèse, dit au clergé de cette ville : « Je vais à Jérusalem ; j'ignore ce qui m'arrivera ; mais le Saint-Esprit me fait répéter, dans toutes les villes où je passe, que des chaînes et des tribulations m'attendent à Jérusalem. » (Act. des Ap. c. xx. v. 23.)

A Césarée, le saint apôtre reçoit un avertissement plus précis. Le même Agabus lui prophétise en action et en paroles ce qui doit lui arriver. Il se lie les pieds et les mains avec la ceinture de Paul : Voici ce que dit l'Esprit saint : l'homme à qui appartient cette ceinture sera ainsi lié à Jérusalem par les Juifs, qui le livreront aux gentils. » (Act. des ap. c. xxi. v. 11.) Malgré les vives instances de ses frères, Paul ne voulut pas profiter de l'avertissement. Dans son désir de souffrir pour Jésus-Christ, il continua sa route, et à Jérusalem s'accomplit tout ce qui lui avait été prédit.

C'est ainsi que, par la plume de saint Luc, l'Esprit saint lui-même nous apprend dans quelles conditions de clarté et dans quel but d'utilité il accordait aux premiers fidèles le don de prophétie.

L'Eglise continuant de ce recevoir ce don, il doit se produire avec les mêmes caractères ; car on ne voit point pour quels motifs le Saint-Esprit en aurait changé la manière d'être et le but. La prophétie privée réellement inspirée d'en haut parlera donc toujours avec la clarté suffisante pour être utile et au fidèle qui la reçoit et à ceux qui veulent en profiter.

Or les écrits prétendus prophétiques de Nostradamus manquent absolument de cette condition nécessaire : la suffisante clarté. Depuis 300 ans, ils sont incompréhensibles à tout le monde, même aux plus érudits ; depuis

300 ans, ils sont inutiles. Donc leur auteur n'a point été inspiré par l'Esprit saint ; donc Nostradamus n'est point un prophète privé.

Mais, dit-on, les obscurités de Nostradamus sont éclairées par les explications des interprètes ; leurs commentaires font comprendre, et « la lumière se fait ».

La lumière ne se fait pas du tout ; les ténèbres sont les mêmes, et les écrits des commentateurs n'illuminent rien.

Ils sont une douzaine d'interprètes environ, hommes de science et d'intelligence, sinon tous de bon sens, qui depuis trois siècles s'acharnent à comprendre et à expliquer cette obscure sottise qui s'appelle Nostradamus. Chacun à leur point de vue, ils le comblent d'éloges et ne tarissent pas sur son compte. Ils se citent les uns les autres en témoignage de l'honneur que tous les siècles ont rendu à l'astrologue.

Mais quand il s'agit de l'explication, cette belle union cesse complétement. Les commentateurs ne sont d'accord ni entre eux ni avec eux mêmes. Le même mot, ils ne le traduisent pas dans le même sens ; ils n'appliquent point les *mêmes quatrains* aux mêmes événements. Pour l'un, telle expression désigne certain personnage ; pour l'autre, un personnage tout différent. Celui-ci interprète ce quatrain du passé, celui-là l'entend de l'avenir. Tel comprend le même passage tout à la fois et de l'avenir et du passé. Cet autre fait aujourd'hui d'un quatrain une explication que demain il fera toute différente ou même toute contraire.

Je n'ai en ce moment sous la main que quelques courts extraits des écrits de quatre ou cinq commentateurs morts et vivants de Nostradamus. Voici, dans un tout

petit nombre de pages, les différence et les contradictions que je relève.

Dans les écrits de Nostradamus, *jupiter*, pour l'un,
désigne *Dieu*; pour l'autre, c'est le *grand monarque.*

Mars s'interprète, d'après l'un, de *Napoléon III*, et
au besoin, de *Napoléon IV*; mais l'autre prétend voir
sous ce mot, *Guillaume*, empereur actuel d'Allemagne.

Le grand Chyren Selin, affirme celui-ci, veut dire
Henri II, roi de France; puis *un roi futur d'Angleterre*,
qui s'appellera Henri. Pas du tout, reprend celui-là,
ce mot veut dire *Henri V.*

Selin indique le *roi d'Espagne*, enseigne un commentateur. Vous n'y entendez rien, dit un second, ce mot
se traduit par *de Bordeaux*, ville qui a un croissant dans
ses armes, et dont le port est en demi-lune: *Chyren Selin*,
signifie *Henri de Bordeaux*. Vous ne savez ce que vous
dites, reprend un troisième : *Selin* doit s'expliquer par
le croissant turc; *Chyren Selin*, signifie *Henri vainqueur
des Turcs.*

La gravée branche, c'est pour celui-ci *un poignard*
ou *un caducée;* mais pour celui-là, c'est un *instrument
de chirurgie* qui sert à broyer la pierre dans la vessie des
calculeux.

Dans les Centuries :

Centurie IV, *quatrain 14 :* « La mort subite du *premier
personnage* », etc...

Pour ce commentateur, *le premier personnage*, c'est
Henri III, et l'autre qui lui succède, *c'est Henri IV.*

Pour un second, *le premier*, c'est *Napoléon IV*, et
l'autre *Henri V.*

Pour un troisième, *le premier*, c'est *M. Thiers.*

CENTURIE V, *quatrain* 30 : « Tout à l'entour de la grande cité », etc.

Un interprète voit dans ce quatrain le siége de Paris par les alliés en 1814; c'est du passé. Un autre y voit le siége de Paris par Henri V, dans l'avenir.

Même centurie, quatrain 45 : « Le grand Empire sera tôt désolé » etc.

C'est là chute de Napoléon, à Sédan, près de la forêt des Ardennes, pour tel commentateur : fait passé. Mais pour cet autre, c'est la défaite des princes d'Orléans, révoltés contre Henri V, qui les écrasera près de la forêt des Ardennes et les fera « décoller » : fait à venir.

CENTURIE VI *quatrain* 22 : « Dedans la terre du grand temple célique », etc.

Pour l'un ce quatrain a prédit la *mort* de Napoléon III ; pour l'autre, c'est *la préparation de sa chute politique*, par le traité de commerce fait avec l'Angleterre.

Même centurie, quatrain 24 : « Mars et le sceptre se trouvera conjoindt » etc.

Ce quatrain s'applique, dit celui-ci, à l'expédition du Mexique, qui a été calamiteuse pour *Napoléon III*.

C'est de l'histoire passée . Il n'en est point ainsi, dit celui-là, c'est de l'histoire à venir, à savoir, une guerre malheureuse que fera *Guillaume*, empereur actuel d'Allemagne, avec un roi son allié, dans le Mexique, l'Egypte, l'Inde ou la Chine.

CENTURIE VIII, *quatrain* 42 : « Par avarice, par force et violence », etc.

Un interprète entend ce quatrain de la chute politique de Louis-Philippe et l'applique aussi à la mort de Napoléon III.

Même centurie, quatrain 8 : « Entre Bayonne et Saint-Jean de Lux ».

Ce fameux quatrain de Biarritz est interprété, par un commentateur, de la mort de *Napoléon III*, et par un autre, de la mort de *Guillaume d'Allemagne*.

Même centurie, quatrain 87 : « Mort conspirée viendra en plein effet ».

Ce quatrain, nous dit l'un, décrit les événements qui ont été la *suite de l'arrestation de Louis XVI à Varennes*. Mais cet autre l'applique à la *mort de l'empereur Napoléon III*.

Centurie IX, *quatrain* 17 : « Le tiers premier fit pis que Néron, etc.

Le même interprète voit là, tout à la fois, le tiers état en 1789 et M. Thiers en 1872 !

Centurie x, *quatrain* 72 : « L'an mil neuf cent nonante neuf sept mois », etc.

Un des commentateurs explique ce quatrain de l'*avénement d'Henri V*, et l'autre, de *la fin du monde* !

Est-ce assez de gâchis ! Et tout cela se trouve en un très-petit nombre de pages ! On ferait des volumes de divergences et de contradictions, si on réunissait toutes les explications *lumineuses* des commentateurs de Nostradamus. Les plus sincères ont avoué, l'un en 1656 et l'autre en 1873, qu'on ne pouvait rien voir de l'avenir en Nostradamus.

Auquel donc croire de ces faiseurs de lumière ? Quels sont les commentaires infaillibles qui dissiperont les ténèbres du Prophète ? Dois-je m'arrêter aux éclaircissements de cet ancien ou aux considérations de ce moderne interprète ?

La vérité est-elle dans les scolies de celui-ci ou dans le grand secret d'interprétation de celui-là ?

Et qui m'assurera que l'un a plus raison que l'autre ? car tous ne manquent pas de nous affirmer que leurs explications, victorieusement claires, ont déconcerté, bouleversé, convaincu, telle personne remplie de prévention, tel homme de science et d'esprit, ou tel important personnage. Où sera donc la vérité, où sera la certitude, si un commentateur peut me démontrer, de façon à déconcerter toute prévention, que tel quatrain, par exemple : « Entre Bayonne et à Saint-Jean de Lux », prophétise la mort de Napoléon III, et si un autre me prouve d'une manière aussi péremptoire et convaincante qu'il annonce la mort de l'empereur Guillaume ?...

Aussi quand, lisant leurs prétendues explications, je les verrai, après comme avant les événements, tellement confuses, tellement arbitraires, tellement contradictoires, pouvant soulever tant d'objections insolubles, demandant tant de bonne volonté pour qu'on les comprenne, ne suis-je pas en droit de conclure : Vous ne faites point la lumière sur l'indéchiffrable Nostradamus ; vous ne la ferez jamais : l'obscurité demeure ; elle s'augmenterait, s'il était possible, de vos contradictions.

La conclusion est donc pour nous la même : en Nostradamus, perpétuelle obscurité, perpétuelle inutilité. Donc il ne peut pas être un prophète privé, inspiré par l'Esprit de Dieu.

Il est encore moins grand prophète, ayant reçu mission d'éclairer l'Eglise.

Qu'est-il donc ?

4**

On ne peut faire que deux réponses sensées à cette question.

C'est un orgueilleux astrologue qui, suivant les errements de son époque, s'inspirant des prédictions de la sainte Ecriture, des prophéties privées, de ses calculs astrologiques et de ses propres conceptions, a prétendu faire une espèce de *vaticination* universelle. Désireux d'avoir tous les honneurs de la réputation de prophète, sans passer par l'épreuve des événements, ils s'est appliqué à envelopper sa pensée de nuages tellement épais, qu'on n'y sût rien comprendre, ou qu'on y pût voir, comme dans les nuages, tout ce qu'on voudrait. C'est l'opinion que nous avons exposée et développée dans la *Concordance*.

Ou bien, c'est un cabaliste insigné, tel que les Juifs ses ancêtres, qui a été inspiré par le démon. Avec l'intention même formelle de ne point entrer en un commerce diabolique, de même que l'affirment pour leur compte nos magnétistes et nos spirites actuels, qui malgré leurs pratiques prétendent demeurer chrétiens, croyant comme eux n'avoir communication qu'avec de bons esprits, il n'a reçu en réalité que les révélations du mauvais.

Beaucoup d'écrivains sérieux pensent que Nostradamus a été un véritable magicien.

C'est, entre autres, le sentiment de deux savants auteurs contemporains, M. le chevalier Gougenot des Mousseaux et M. Anatole Le Pelletier. Le premier, dans son remarquable ouvrage *Le juif, le judaïsme et la judaïsation des peuples chrétiens* [1], range Nostradamus

1. Chapitre-appendice, note V, p. 547.

dans la catégorie des astrologues cabalistes ou sabéistes.

Voici la pensée du second, un des commentateurs les plus intelligents et les plus sensés des Centuries :

« Il faudra pourtant bien finir par avouer que les défauts, non moins que les étranges qualités de Nostradamus, resteront inexpliqués, et qu'on n'en sortira pas tant qu'on s'obstinera à vouloir chercher un prophète inspiré du Saint-Esprit dans ce devin équivoque, initié, lui-même le déclare (Centurie I, strophe 2), aux incantations delphiques de Branchus de Milet et d'Apollon Didyméen, et expert dans la lécanomancie assyrienne, qui consistait à évoquer des images magiques dans un bassin rempli d'eau....

« Le génie fatidique se trifurque en trois modes dissemblables et fort inégaux.... 1º Il y a les prophéties canoniques, dont le Saint-Esprit..... est l'inspirateur.... 2º Il y a les prédictions de second ordre... qui ne jouissent que d'une illumination restreinte... et sont par conséquent incomplètes. 3º Il y a enfin l'immense série des oracles pythiques, qui ajoutent aux imperfections de la catégorie ci-dessus... des mensonges calculés dans le but d'égarer ceux qui ajouteront foi à leurs présages perfides. Car le propre de l'antique Apollon , dieu (ou plutôt démon) païen qui y préside, est d'être un esprit ambigu et systématiquement hostile à la société chrétienne... Tels sont les oracles de Branchus, de Trophonius, de Sérapis... et, par-dessus tous les modernes, du prince des astrologues de la renaissance païenne, Michel de Nostradame....

« .... De même que le diable se fait, dit-on, le singe des perfections divines afin de détourner à son profit l'encens des mortels, de même les *Centuries* sont, à mes yeux, le revers diabolique ou la singerie, dictée par (le démon) Apollon à son adepte Michel de Nostredame, de la divine Apocalypse dictée par Notre-Seigneur Jésus-Christ à son disciple bien-aimé, afin d'éclairer la marche de la société chrétienne à travers les écueils des temps lointains [1]. »

Ces deux sentiments pourraient être vrais l'un et l'autre, et même n'en former qu'un seul, qui serait le dernier mot sur Nostradamus. L'orgueil de l'astrologue a fort bien pu attirer l'inspiration du diable.

Mais nous ne saurions souscrire à cette réflexion du précédent auteur : « Ce qui n'empêche pas les Centuries « d'être pleines d'avertissements suceptibles de devenir « profitables à la société chrétienne. »

Si réellement Nostradamus a été inspiré par le démon, ancien dieu païen [2] du nom d'Apollon, qui était « un esprit ambigu systématiquement hostile à la société chrétienne, M. Le Pelletier, après une courte réflexion, conviendra avec nous de tout ceci :

1° L'astrologue n'a pu recevoir qu'un tout petit nombre de vérités sur l'avenir, parce que les démons, tout en ayant plus de connaissances que les hommes, ne savent cependant que bien peu de choses des temps futurs et seulement dans la limite que nous avons indiquée [3].

2° Ce peu de vérité a dû être délayée tout exprès dans tant d'ambiguïté et de mensonges que la société chré-

---

1. L'*Ordre légitime*, 30 janvier et 13 février 1873.

2. *Omnes dii gentium dæmonia* (Psal.) tous les dieux des nations sont des démons.

3. Page 18, lettre 2e.

tienne, pas plus que les fidèles en particulier, n'en pourra jamais tirer de profit.

3° C'est peine perdue, comme lui-même et bien d'autres l'ont expérimenté, de chercher à démêler cette petite parcelle de vrai dans ce monceau de faussetés.

Et 4° enfin il est toujours dangereux et sans utilité pour personne de s'occuper des œuvres du diable, à moins que ce ne soit pour les combattre.

LETTRE VII.

M. TORNÉ.

Après avoir parlé de Nostradamus. je ne puis me
dispenser d'entretenir mes lecteurs de M. Torné. Car qui
dit Nostradamus dit Torné, et qui dit Torné dit Nostradamus. Ce sónt deux têtes dans un même bonnet... d'astrologue.

M. Torné attaque *les Prophéties modernes* dans son
almanach de 1873. Je dois lui répondre, puisque je suis
en train de les venger. Je n'avais point eu tout d'abord
l'intention de répliquer ; je ne le jugeais pas utile : l'attaque avait été vraiment trop faible. Mais puisque, sur
les instances de mes amis, je publie ce nouvel opuscule,
il devient nécessaire que je riposte à M. Torné ; car si je
gardais le silence, il ne manquerait pas de proclamer
plus fort que jamais : « Nostradamus est prophète, et
« Torné son interprète ! A nous deux, nous avons battu
« les *Prophéties modernes*, et sur toute la ligne on nous
« reconnaît vainqueurs ! »

— Imprudent ! que vais-je faire encore ! Sur quel
terrain brûlant je m'aventure !.. M'exposer une fois de

plus à scandaliser mon prochain... derechef manquer à la charité envers M. Torné !

Il faut avouer que je suis bien endurci. Je ne me sens pas la plus petite contrition du passé, et pas le moins du monde le ferme propos de ne plus recommencer à l'avenir. Tout au contraire, je n'ai qu'un regret, c'est de n'avoir pas frappé plus fort.

Que les âmes timorées se rassurent néanmoins sur l'état de ma conscience. J'ai pour M. *Torné, prêtre*, la charité qu'il est commandé d'avoir entre chrétiens et Français pour un homme qu'on ne connaît point et qu'on n'a jamais vu. J'ai en outre la charité plus spéciale qui doit nous unir entre prêtres et qui nous donne parfois le devoir de la correction fraternelle. J'honore grandement le sacerdoce de M. Torné à l'égal du mien. Quoiqu'indigne, je l'ai reçu, comme lui, de la sainte Église de Jésus-Christ. Je reconnais et j'ai loué les dons naturels de l'intelligence dont l'a gratifié le ciel. Il a trouvé mes éloges pesants. Comme il voudra : il est bien possible que l'indulgence y pèse plus que la vérité. Mais, pour M. *Torné-livre*, je déclare que je n'ai ni vénération, ni estime, ni charité. Il n'existe, que je sache, aucune loi divine ou humaine, aucune règle de perfection ou de sanctification qui m'obligent ou me conseille d'avoir de la charité pour les livres et en particulier pour ceux de M. Torné. Il n'est dû aux livres que vérité et justice.

Dût s'offenser encore la fausse délicatesse de certaines gens dont la charité, par trop *libérale*, a des salutations et des tendresses pour le faux et pour le vrai, pour le laid et le beau, pour le mauvais comme pour le bon, je me propose fermement de dire, selon l'occurrence, tout le mal possible des écrits de M. Torné sur son prophète, parce que je les trouve absurdes, ridicules et dangereux.

A l'instant, je mets ma résolution en pratique. Ne m'occupant que des livres et tenant soigneusement la personne à l'écart, je veux vous montrer une fois de plus ce que valent ses écrits, en ces deux paragraphes: 1ᵈ M. Torné et les prophéties modernes ; 2ᵒ M. Torné et les quatrains de Nostradamus.

I. — *M. Torné et les prophéties modernes.*

La *Concordance* a troublé le repos du commentateur prophétisé. Il a senti le coup qui frappait les œuvres de son cher Nostradamus comme les siennes propres. Aussi s'est-il mis en quatre afin d'atténuer la vive impression qu'avaient produite la raison et le bon sens. Il a cherché tant qu'il a pu quelques joints pour y pousser la pointe d'un argument valable : peine perdue, travail manqué. Il n'a réussi qu'à faire une 3ᵉ édition de mon volume, qui occupe, comme j'en avais émis le vœu, une belle et large place en son almanach de 1873. Je l'en remercie; je suis sûr maintenant de passer à la postérité. Franchement, toute vanité à part, mes pages n'ont pas trop mauvais air au milieu de cette littérature de Nostradamus et d'almanach. C'est tout ce qui supporte la lecture dans ce livret.

— Aux prophéties modernes , M. Torné reproche de n'avoir pas d'authenticité. Quand bien même cela serait vrai pour toutes, qu'est-ce que cela fait? Si, fixées par une date d'impression, selon la condition et les indications que j'ai données dans la *Concordance*, elles existent avant les événements et qu'elles s'accomplissent, ne vaudront-elles pas mieux que Nostradamus? Votre astrologue incompréhensible est authentique; oui. Mais de quoi vous sert cette authenticité? N'êtes-vous pas obligé d'attendre, tout comme nous, les événements pour le faire accepter? Et n'est-ce pas sur cet accomplissement prétendu que vous basez tous vos raisonnements en sa faveur, et n'est-ce pas pour l'obtenir après coup, malgré les quatrains, que vous les travaillez · si bien? C'est l'accomplissement qui donne de la valeur à la prophétie privée, d'où qu'elle vienne, à moins qu'elle ne vienne du diable; car alors elle n'a aucune valeur et ne peut faire que du mal. C'est le cas de votre prophète authentique, au dire de plusieurs.

— M. Torné prétend que toutes les prophéties modernes n'ont qu'une source unique : Nostradamus. Tout le monde les copie, ces pauvres gens, Nostradamus et M. Torné! L'abbé Souffrant [1] a copié Nostradamus, M. l'abbé Margotti [2] a copié M. Torné; moi-même aussi [3] je l'ai copié! Pour ça, non, Dieu m'en garde! J'ai puisé certains textes aux mêmes livres que lui, mais je ne prends dans les siens que des armes pour le battre. Nostradamus, l'unique prophète, l'inspirateur de tous les autres prophètes! M. Torné n'y pense pas! C'est une *toquade*. Quel prodige inconcevable! Alors que, *de nos jours*, les commentateurs de Nostradamus, quatre ou cinq savants de même époque, de même pays, de même langue, ne peuvent venir à bout ni d'in-

1. Alman. 1873, p. 154.
2. Lettres Mac-Mahon et Napoléon IV.
3. Alm. 1873, p. 137.

terpréter clairement leur auteur favori, ni de s'accorder entre eux, même après les événements, sur ce qu'il a voulu prédire, comment une quarantaine de personnes, auteurs des *prophéties modernes*, inconnues les unes aux autres, fort différentes d'époque, de pays, de langue, de sexe, d'âge et d'instruction, auraient-elles pu toutes si bien comprendre les énigmes de l'astrologue, toutes si parfaitement s'entendre pour nous prophétiser long-temps d'avance, dans un langage net et très-compréhensible, tant de faits principaux et tant de détails si concordants !

— L'argument le plus curieux de M. Torné, c'est celui par lequel il prend à partie ma bonne foi et me reproche d'avoir retranché ceci, omis cela dans mes extraits des prophéties modernes : « Vous vous arrêtez à cette « phrase, que vous ne mettez pas. Vous retranchez les « derniers mots de cette autre. Vous accommodez par là « le texte à votre manière de voir ; c'est la preuve que « vous faites dire aux prophéties ce que vous voulez. »

Mais pas du tout, illustre interprète ; c'est la preuve que nous faisons une *concordance*. C'est une objection de feu La Palisse que vous me faites là. Avec quoi voulez-vous qu'on fasse une concordance ? Avec des morceaux discordants ?... C'est comme en cuisine : pour faire... une *concordance*, il faut prendre des morceaux *concordants*.

Nous laissons les autres de côté, précisément parce qu'ils ne concordent pas. Et c'est par le moyen de cette concordance que nous espérons démêler le vrai du faux dans les prophéties.

Vous avez tort de vous écrier : « On ne peut pas faire

concorder entre elles les prophéties modernes, parce
que le faux a été mêlé au vrai.[1] » Avant que vous n'ayez
parlé, saint Paul nous avait appris que le vrai et le
faux pouvaient se trouver dans les prophéties privées.
Nous avons pensé que la réunion et la comparaison des
textes concordants, à l'exclusion du reste, était un
moyen facile et sérieux de séparer l'un de l'autre, pour
les raisons indiquées seulement dans notre premier opuscule et développées dans celui-ci. Nous ne manquons
point « à la bonne foi », puisque nous n'ajoutons rien à
la prophétie; nous en ôtons des parties que nos lecteurs
peuvent retrouver, s'ils le veulent, dans les recueils spé-
ciaux. Notre procédé est simple : le rapprochement de
passages qui se ressemblent et qui sont tous très-con-
préhensibles. Chacun peut contrôler notre travail, l'accepter ou le refaire à son gré. Vous, vous tordez des
textes indéchiffrables, pour y mettre ce qui n'y est point;
et il n'est ni facile ni loisible à tout le monde, de vous
comprendre et de vous contrôler.

C'est tout ce qu'il y a d'arguments d'apparence un
peu sérieuse dans la réponse de M. Torné. En ce qu'il
ajoute pour l'allonger, il s'est fourvoyé. En voici les
preuves.

— M. Torné ne lit pas, ou lit mal. Est-ce distraction
volontaire ou involontaire ?...

Il cite (Alman. p. 160) une phrase de *la Prophétie d'une
personne pieuse* (*Concordance*, n° 40) : « Il me semblait,
« mon Père, que cette grande crise ne durait pas long-
« temps. » M. Chabauty, ajoute-t-il, « ne cite rien de

_____

1. Alman. 1873, p. 165.

plus de cette prophétie, qu'il a empruntée aux Voix prophétiques ». — Lecteur étourdi, il fallait lire moins vite
et vous arrêter à la page 120, n° 39 (*Concord*. 2° édit.).
Vous auriez vu *une grande page et demie* de cette même
prophétie, dont vous n'avez remarqué qu'une ligne répé-
tée plus loin, p. 164, à la lettre XV, *Durée et fin de tous
ces bouleversements.*

— Au lieu de n'y consacrer que « quelques heures »,
si vous aviez étudié convenablement la question des
prophéties modernes, vous n'auriez pas présenté à vos
lecteurs des choses fausses, comme la précédente et
comme celle-ci. Vous eussiez compris que nous ne met-
tions point la prédiction du dogme de l'Immaculée
Conception, comme vous l'insinuez, dans ces quelques
mots de la Prophétie de Marie Lataste : « Tu (Pie IX)
m'as rendu gloire au ciel et sur la terre ». Cette prédiction,
très-claire et très-détaillée, se trouve dans deux admirables pages de ses œuvres, dont la lecture vous sera plus
avantageuse que celle des Centuries (Vie et œuvres de
Marie Lataste, 2° éd. t. II. p. 173-75).

— Jusqu'ici on peut dire que tout cela c'est distraction
involontaire.

Mais comment, sans y mettre un peu trop de bonne
volonté, avez-vous pu affirmer, en parlant de la prophétie
d'Orval (Alm. p. 146) : « M. Chabauty retranche ce
« passage de la prophétie : Dieu est saoul d'avoir baillé
« des miséricordes, et *ce pourtant il veut prolonger la paix
« encore pendant dix fois douze lunes.* » Cherchez donc
(*Concordance*) à la page 92 de la 1re édit. et 181 de la
2°, vous n'y verrez de supprimé que ce premier membre
de phrase : « Dieu est saoul d'avoir baillé des miséri-

cordes », qui était inutile pour la concordance ; mais vous lirez tout au long le reste, qui seul était nécessaire et dont la présence renverse toute votre argumentation contre ma manière de faire : « concorder les véritables prophéties ». Avec une toute petite dose d'attention, vous auriez remarqué que les « dix fois douze lunes » sont indispensables pour produire, avec les nombres précédents, notre total de 282 lunes, c'est-à-dire 22 ans et 9 mois à peu près, que nous assignions au règne d'Henri V, en concordance avec d'autre prophéties. Ne vous en déplaise, nous avons fidèlement reproduit le texte de 1840. Vous lisez avec trop de distraction, cher maître.

— Mais ceci passe distraction :

Dans votre Almanach 1873, à la page 78, vous me citez ainsi :

« Avant les événements, les prédictions du médecin
« provençal sont tout à fait inintelligibles ; on ne voit
« même pas ce qu'il veut dire. Après les événements,
« on arrive à comprendre *peu à peu*...(!) Ces prédictions
« par conséquent, n'ont pas d'utilité », etc.

Halte-là ! habile interprète. Vous voudriez faire croire à vos lecteurs, par un texte falsifié et un point d'exclamation, que pour moi aussi la lumière de Nostradamus est comme celle du soleil, qui va croissant *peu à peu*. Je n'ai jamais dit et ne dirai pareille fausseté. *Dans la Concordance*, 2ᵉ éd. p. 69, le vrai texte porte :

« Après les événements on arrive à comprendre QUEL-QUE PEU ; *encore faut-il de nombreux et fort discutables commentaires*, etc. Ce n'est pas tout à fait la même chose.

Oui, vous faites comme votre grand prophète : « Nos-
« tradamus joue sur ce nom *qu'il change un peu, pour*
« *lui donner le sens qu'il veut* [1]. »

— On est porté à imiter ceux qu'on fréquente assidû-
ment. Aussi, dans un autre endroit de votre réponse,
vous faites une seconde application du procédé de Nostradamus (Alm. p. 81). Vous me citez de cette façon,
en accompagnant mon texte de réflexions :

« Selon Nostradamus, une comète apparaîtra vers le
« Septentrion, non loin du Cancer, et la nuit où Pie IX
« mourra. Rien n'empêche que l'astrologue ne prédise
« juste en ce point « de la comète ». C'est affaire d'as-
« tronomie. »

Vous ajoutez gentiment : « Après cette dernière ba-
« lourdise, imprimée et rééditée, il est inutile de pour-
« suivre le jugement que M. Chabauty porte sur
« l'astrologue-médecin. D'après lui, tout astrologue
« aurait pu dire 300 ans à l'avance : Pie IX mourra la
« nuit où disparaîtra la comète dont je fixe la place. »
(Alm. p. 82.)

Oh ! cher maître, vous ne *fixez* point la place des planètes, ni ne les faites *disparaître*, mais vous savez bien
faire *disparaître* les points d'interrogation *fixés* dans un
texte, quand il vous gênent. Un tout petit point d'interrogation de plus, et le sens de ma phrase change entièrement ; c'est pourquoi vous l'avez supprimé. Dans le
texte de mes deux éditions (p. 82, 1re ; p. 157, 2e), il y a :
« Selon Nostradamus une comète apparaîtra vers le
Septentrion, non loin du Cancer, et la nuit où Pie IX
mourra (?). »

1. Lettres du grand prophète, p. 174.

Vous voyez bien, *avec un point d'interrogation.*

Pour tout lecteur intelligent, ce point signifie, et il n'est personne qui n'ait ainsi compris, que la prédiction de la comète est de Nostradamus et peut bien s'accomplir; mais que ce soit « la nuit où Pie IX mourra », c'est une autre affaire et c'est de M. Torné. Le reste de la phrase confirme ce sens. De deux choses l'une: ou bien vous n'avez pas compris ce qui est si clair : alors qui de nous deux a fait la *balourdise*? ou bien vous avez compris: alors comment appelle-t-on dans toutes les langues votre petit procédé, cette façon leste de supprimer un signe, pour dénaturer aux yeux des lecteurs le sens des phrases de vos adversaires?.... Imitation de Nostradamus... ! Nostradamus change... « un peu les mots, pour donner le sens qu'il veut ».

Tenez, cher maître, cette intimité que vous avez avec ce vieux fou de magicien, vous fait grandement tort. Vous prenez ses allures, qui ne sont pas de bonne compagnie... Vous avez pensé faire le gentil en me traitant, par son intermédiaire, de « *asne* et de *grosse beste* [1] ».

Fi donc, cher maître! C'est vilain: vous perdez les belles manières. Ce sont là des adjectifs d'astrologue.

L'astrologue-prophète surtout, nous le savons, est mal-appris et lourdaud quand il veut faire de l'esprit. Vous vous en ressentez.

Que vous avez été heureux de saisir le chapitre « calculs curieux » de ma première édition, pour tâcher d'y trouver à aiguiser contre moi un trait piquant! Quelle bonne fortune! L'auteur de la Concordance, vous exclamez-vous, a des 6 dans son nom! Eh

---

1. Alm. 1873, p. 77 et 115.

quoi! il a trois 6, *le chiffre de la bête !* Bien plus.
« 3 fois trois 6 ! ! c'est peu flatteur. » — Pas fort,
cher interprète; un peu épais le trait d'esprit: c'est
du Nostradamus. Soit donc, j'ai du 6 dans ma signature.
Seulement je suis certain de n'avoir point de son esprit
dans mes livres. Pour vous, maître, c'est tout le contraire : si vous n'avez pas le symbole, vous avez la réalité ; si en votre nom n'est point son chiffre, tous vos
écrits, on l'a prouvé [1], sont pleins.. de *l'esprit de la bête.*

II. — *M. Torné et les quatrains de Nostradamus.*

J'avais souhaité au « Grand Prophète » et à son
« Traducteur » quelque bon « fiasco », qui mît à leur
place les œuvres de l'un et de l'autre. La Providence
n'a pas tardé à exaucer ce désir.

En janvier 1873, la mort de Napoléon III jetait par
terre tout un échafaudage de prédictions détaillées et
bruyantes, dont la France était inondée. Malgré les ordres
de Nostradamus, qui pourtant « limite les lieux, temps
et le terme préfix » des événements, malgré les commentaires officiels de son interprète prophétisé, l'ex-
empereur, au lieu de mourir en France , à Biarritz, entre
les bras et sous les coups d'une prostituée, avait la mauvaise volonté de mourir en Angleterre, près de Londres,
entre les mains et par les drogues de ses médecins.

Puis, en mars 1874, Mgr l'évêque d'Orléans, qui, d'a-
près les dires de M. Torné [2], avait désiré l'entendre,
l'ayant sans doute entendu et surtout lu, de sa crosse

1. MM. Des Mousseaux et Le Pelletier, voir plus haut.
2. Lettre : La mort de Napoléon III.

épiscopale vient d'administrer au « divin verbe » de Nostradamus et de son « résérant [1] » la plus belle volée appliquée de main de maître que « oncques » tous deux n'avaient reçue de leur vie.

C'est là vraiment « le dernier coup porté » à tant d'écrits absurdes et ridicules.

De ces deux camouflets vous pensez peut-être que notre commentateur ve se croire, lui et son prophète, abattu pour toujours? Détrompez-vous. Dans quelque temps, vous allez le voir reparaître, la même ritournelle dans la bouche et un quatrain à la main. Nostradamus, dira-t-il, l'avait bien prédit ! « Le divin verbe sera du ciel frappé. » On marchera sur la prophétie et sur son « résérant » !

Quoi qu'il arrive à M. Torné, événements particuliers, échecs de toute nature, il n'a que cette raison à donner, que ce refrain à répéter. Il l'applique à tout. En cherchant et en prenant de ci, de là, dans ses livres, on en ferait une longue et fort drôle litanie :

Les prophéties de Nostradamus et de M. Torné reçoivent de rudes démentis en 1862 et en 1873 : « Nostradamus l'avait bien prédit ! » — Un procureur impérial met arrêt sur ses livres... — ses lettres s'égarent à la poste... « Nostradamus l'avait bien prédit ! » — Ses libraires lui font un procès qu'il perd : » Nostradamus l'avait bien prédit ! « — On se moque de lui et de ses œuvres... Ses livres ne se vendent pas : « Nostradamus l'avait bien prédit ! » — Il invente un vélocipède, monte dessus et tombe par terre : « Nostradamus l'avait bien

---

1. *Interprète,* style de Nostradamus.

prédit ! » etc., etc. —Maladroit ! Que ne voit-il donc tout cela à l'avance dans son Prophète !...

Pour le cas de Mgr Dupanloup, qui est véritablement plus grave, je pense que, outre la ritournelle d'usage, il y aura en plus un quatrain. J'en vois d'ici quelques-uns où il est question... de... *Orléans*... de... Loup... Ça doit être prédit.

— Cependant M. Torné a été plus prompt à se relever du coup porté à son quatrain de Biarritz.

Napoléon III meurt le 9 janvier, et le 25, l'habile « Traducteur », exécutant à la lettre ce que je disais de ses procédés dans la *Concordance*, avait retourné le vieux quatrain et apparaissait tout guilleret avec un neuf. « Voilà l'accomplissement demandé ! »

Vous êtes sans doute désireux de connaître ce quatrain fortuné qui, plus heureux que l'autre, a prédit si clairement et si juste, après coup, la mort de Napoléon III. Lisez et comprenez, si vous pouvez :

> Jupiter joinct plus Vénus qu'à la Lune,
> Apparaissant de plénitude blanche :
> Vénus cachée sous la blancheur Neptune
> De Mars frappé par la gravée branche. (*Cent.* IV. 33.)

Ce que vous y voyez, n'est-ce pas, de plus clair, c'est le clair de lune et la lune qui apparaît dans son plein ; puis qu'il est question de quatre autres planètes. Cela ressemble fort à un horoscope d'astrologue, dites-vous ; mais où est là dedans la mort de l'empereur et l'Angleterre.

Que vous êtes court d'intelligence ! Ce que vous y voyez n'y est pas, et ce que vous n'y voyez pas y est !

Le clair de lune ! La pleine lune ! Allons donc ! Quand Napoléon III est mort, à 10 heures 45 minutes du matin, il n'y avait pas le plus petit quartier de lune au ciel. Ce jour-là elle s'est levée à une heure sept minutes après midi, et elle n'était pas dans son plein. Croyez-vous que Nostradamus, qui « limite les lieux, temps et le terme préfix » des événements, qui marque l'état du ciel et des planètes au moment précis où ils arrivent, a pu dire une chose pareille !

Je traduis mot à mot pour votre ignorance.

Jupiter (Dieu) joinct plus (frappe plus fort). Vénus (la débauche) qu'à la lune (que le duc de Bordeaux, Henri V, le grand Sélin), apparaissant de plénitude blanche (paraissant avec sa *blanche bannière*, avec la « pureté de sa vieillesse incontaminée). Vénus (la débauche). Ici il y a une inversion, comme en latin. De Mars (de Napoléon III) frappé par la *gravée branche* (frappé par une branche d'instrument de chirurgie qu'on lui a introduit dans le corps pour en rétirer la *gravelle*) est cachée (est cachée) sous la blancheur Neptune (en Angleterre, pays maritime, Neptune est le Dieu de la mer en mythologie).

Eh bien ! n'est-ce pas évident ! Voyez la précision de Nostradamus : sur cette branche d'instrument était *gravée* une échelle qui servait à diriger la main de l'opérateur. Voyez-vous, *gravée* veut dire *gravelle* tout à la fois et *gravée*. Quelle puissance de mots !

Toutefois je vous dirai, entre nous, qu'en tout cela il y a bien quelque petite entorse : *gravée* signifiant *gravelle* n'est pas absolument rigoureux ; la *gravelle* n'est pas tout à fait la même chose que la pierre et ne nécessite point d'opération ; il n'est même pas indiscutable que « *gravée branche* » soit le texte vrai de Nostradamus; car il y a cinq ou six éditions qui portent : soit gravée, granée *blanche*, soit *grande* branche, et même *la sus grande*. M. Torné lui-même, du temps qu'il n'en avait pas besoin, écrivait : la gravée *blanche* (Portraits prophétiques, p. 27). A part cela, comme l'inspiration et la précision du « grand Prophète » sont merveilleuses !

Ce qui est merveilleux surtout, c'est de voir des hommes qui ont la prétention d'être graves perdre leur temps à pressurer des mots pour leur faire dire ce qu'ils ne disent point et pour y voir avec tant de peine l'avenir après coup.

C'est un travail fort utile en vérité, et que ces prophéties sont bien avantageuses pour les hommes ! Napoléon, assure M. Torné, était persuadé, après avoir lu ses ouvrages, qu'il ne mourrait pas ailleurs qu'à Biarritz.

Voilà des livres prophétiques qui lui ont beaucoup servi !

— Mais, me demanderez-vous, qu'est devenu le fameux quatrain ? Que fait *Nanar* en ce moment ? où sont les *hanix d'aquilon* et *Bichoro* ?

On les a arrangés de la même manière merveilleuse.

Rappelons-nous d'abord la première interprétation, qui était si certaine et dans laquelle, pendant des années, tout le clan *nostradamien* a cru fermement[1].

---

1. Entre Bayonne et à Saint-Jean de Lux
   Sera posé de mars le promontoire.
   Aux hanix d'Aquillon Nanar hostera lux.
   Puis suffoqué au lit sans adjutoire.

   (*Cent*. VIII, 85.)

Entre Bayonne et Saint-Jean-de-Lux, sera Biarritz, impérial séjour de Mars (Napoléon III) bâti sur un promontoire.

Quand faibliront les aquilons, une prostituée (Nanar) lui ôtera la vie (Lux). Il y aura suffocation au lit : elle l'étouffera dans son lit, sans qu'il puisse être secouru (sans adjutoire). A la nouvelle de cet événement, on accourra de toutes parts à Bayonne en criant : c'est la guerre civile (*Bichoro*, en dialecte guipouscouan, *divis-on.*)

Voici maintenant la peau nouvelle du quatrain :

Entre Bayonne et Saint-Jean-de-Lux sera une maison de plaisir bâtie sur le promontoire par Mars (Napoléon III), où, comme un débauché (Nanar), il se perdra la santé (hostera lux). Puis plus tard, tombé en syncope au lit, on ne pourra le tirer de cet état: il n'y aura pas de *secours* possible (sans adjutoire). En mourant, Napoléon verra passer devant son esprit tout ce qu'il a fait contre le pouvoir temporel (mont Adrien) par son traité de Villafranca (ville franque), loup sous la peau d'un agneau (arnani, tholoser, mots grecs). Il verra passer, comme ces bandes qui se pressent sur « le pont la planque », rois et peuples devant sa pensée, lui criant: vous êtes la *division* (*Bichoro*: en grec, *bis*, deux fois; *choros*, assemblée, multitude).

> Par Arnani, Tholoser, Ville-Franque.
> Bande infinie par le Mont Adrian,
> Passe rivière Hutin, par pont la planque,
> Bayonne entrer tous Bichoro criant.

> (*Cent.* VIII, 86.)

Admirez le changement à vue : *Nanar*, qui était une *femme*, est devenue un *homme*. Nanar (prostituée) ôtait *la vie* (lux) à l'empereur; maintenant c'est l'empereur lui-même (Nanar, débauché) qui s'ôte la *santé* (lux). Nanar l'étouffait au lit; maintenant Napoléon tombe en syncope au lit, des suites du chloroforme. Après le premier événement, une « bande infinie » de monde, *en chair et en os*, accourait à Bayonne, d'Espagne, des eaux et d'ailleurs, *passant* par « pont la planque »; aujourd'hui, tout se *passe* dans la pensée de l'empereur mourant; ce sont des *fantômes* qui *passent* devant son esprit en lui criant : Bichoro. Et cet intéressant *Bichoro*, après avoir été du *guipouscouan*, est devenu du grec, langue plus savante, sans doute sur mes observations, mais c'est de mauvais grec, un barbarisme : il était meilleur hébreu. . . . .

Et l'on ne veut pas qu'on traite d'absurdes et de ridicules les écrits où pareilles sornettes sont sérieusement débitées! On s'indigne parce que le bon sens révolté crie tous les jours plus fort; on trouve tout ce que l'on veut dans Nostradamus. Voilà bien une fois de plus la preuve que c'est M. Torné et consorts qui illuminent l'astrologue, qui mettent leurs idées là où il n'y a que des mots; qui, en les tordant à droite ou à gauche, font passer par les mêmes mots toutes sortes de pensées différentes et souvent contradictoires.

— Plus on lit les ouvrages de M. Torné, plus la vérité de cette affirmation, qu'on ne saurait trop répéter, devient évidente.

En appliquant à Nostradamus la méthode de concordance, M. Thorné a eu, pour son dessein, une heureuse habileté. Cette concordance ne pouvait point s'établir entre les idées, puisqu'il n'y en a pas, mais seulement entre les mots. En rapprochant les noms des planètes, des villes et des lieux, qui reviennent si souvent, et nécessairement, sous la plume d'un astrologue qui fait des horoscopes généraux, en y joignant quelques *anagrammes* des personnages principaux du XVIe siècle, il a pu parvenir à mettre une apparence d'ordre dans le fouillis des écrits de Nostradamus. Avec le procédé que vous connaissez et que j'ai décrit dans la *Concordance*, il a sans trop de peine accommodé au passé un bon nombre de quatrains, et composé deux volumes de *L'histoire prédite et jugée*. Les mêmes qualités que nous trouvons dans les *Lettres du Grand Prophète* brillent aussi là-dedans. Il faut la bonne volonté d'un adepte pour reconnaître en ces malheureux quatrains tout ce qu'il y voit, ou mieux, tout ce qu'il y met.

Parmi ceux qui restaient, M. Torné en avisa une certaine quantité où l'on pouvait faire entrer sans trop d'efforts l'avenir probable. Il n'était pas impossible, ni même très-difficile, en 1859 et 60, de prévoir la suite des événements en Italie. Sans être prophète, et sans Nostradamus, beaucoup l'avaient annoncée. Dans cet ordre d'idées, M. Torné numérota un bon nombre de ces quatrains par deux ou trois chiffres et plus, qui désignaient certains personnages. C'était adroit. On avait un moyen tout prêt pour se retourner : si les événements ne cadraient pas avec le chiffre de tel personnage, il y avait chance qu'ils s'accommoderaient avec l'autre.

Voici sa nomenclature : I : Révolution italienne ; II : Victor-Emmanuel II; III : Napoléon III ; IV : Napo-

léon IV ; V : Henri V ; VI : Mac-Mahon ; VII : Mazzini ;
VIII : Prince Napoléon ; IX : Pie IX ; X : 1er successeur
de Pie IX ; XI : 2e successeur de Pie IX ; XII : Cialdini ;
XIII : Garibaldi ; XIV : la République française ; XV :
l'Antechrist ; XVI : la fin du monde ; XVII : le traducteur, M. Torné.

Les quatrains numérotés et autres furent rangés,
en 1862, à la suite des quatrains déjà interprétés, sous
cinq titres : 1º Mars le neveu (Napoléon III) ; 2º le nouveau Mars, sang du neveu (Napoléon IV) ; 3º l'OEnoharbe
nez de Milve (Henri V) ; 4º Pie IX, révolution italienne ;
5º fin du monde. A la fin de l'ouvrage (Réédition de
Nostradamus, 1862) il y a à la table cette indication :
« Texte des 600 quatrains interprétés du présent, du passé
et de l'avenir, et placés dans l'*ordre chronologique*
page 86. » (!).

Mais voici où passe le petit bout de l'oreille : l'interprète prophétisé ne pouvait pas humainement prévoir
en 1859 les grands faits de 1866 et des années suivantes:
Sadowa, l'empire d'Allemagne, le rôle de Guillaume et
de Bismarck. Aussi n'en est-il pas le moins du monde
question. Quel triomphe pour Nostradamus si, dès 1862,
Guillaume et Bismarck avaient eu des numéros d'ordre
et des quatrains numérotés ! Mais on ne voyait alors que
Napoléon III, Pie IX et là révolution italienne. Aussi
n'y a-t-il de numérotés que les personnages qui
avaient un rôle saillant à l'époque. Et comme on ne
pouvait pas, même avec Nostradamus, pronostiquer la
longueur du règne de Pie IX, on mettait la mort de
Napoléon III en 1862, et du quatrain de Biarritz, « tout
l'avenir prédit devait se presser pour sortir à la fois et

les événements se disputer la parole prophétique [1] ». Sans doute tout devait aussi se passer selon *l'ordre chronologique* où sont placés les quatrains dans la *Réédition*.

Mais sont *sortis* de l'avenir les événements que l'on n'attendait pas. Il a bien fallu arranger Nostradamus à une nouvelle sauce et être plus circonspect désormais. Les *lettres du grand Prophète* ont paru. Les quatrains numérotés, qui par un seul mot paraissaient pouvoir s'accommoder aux faits passés, étaient étalés et commentés avec un luxe d'explications et de citations étonnant. Puis, comme en passant, on glissait quelque autre quatrain, dont on présentait d'une manière assez obscure l'interprétation pour la suite des événements. Si le quatrain tombait à terre, on n'en soufflait mot. On indiquait plus tard, à l'occasion, une interprétation « rectifiée ». Mais si la première explication, par le moyen du procédé connu, se rapportait à peu près aux événements, vite, dans une nouvelle lettre, on prônait l'interprétation « confirmée ». On répétait et on répète avec une audacieuse insistance : « Par Nostradamus, nous avons dit cela, il y a 10 ans; ceci, depuis deux ans, trois ans, était imprimé ». Et, à partir de là, les interprétations prétendues « confirmées » reviennent à chaque instant, comme parole d'Evangile, à l'appui de nouveaux commentaires, le tout à la plus grande gloire de Nostradamus.

Entre temps, on suit la marche de la politique avec la plus minutieuse attention. Si un fait quelconque vient à se produire, n'importe où et n'importe par qui, et

---

1. Lettres du grand Prophète, p. 96.

qu'un nom de lieu, de ville ou de peuple, pouvant devenir un nom d'homme, se rencontre en un quatrain, aussitôt on s'empare de ce quatrain précieux ; on l'explique à nouveau, l'eût-on déjà appliqué au passé, et une lettre du grand Prophète est mise au jour avec la conclusion habituelle : il y a 300 ans que Nostradamus a vu cela, a annoncé cela !

Mais la politique a ses imprévus et ses surprises, qui trompent souvent les plus habiles pronostiqueurs. Il est curieux de suivre ses variations dans les écrits de M. Torné, et les manières nouvelles dont il habille Nostradamus.

1º En 1871, Nostradamus prophétise, par son interprète officiel : 1º que *Napoléon III sera rappelé* par un plébiscite ; 2º que l'empire sera restauré ; 3º que l'empereur mourra à Biarritz ; 4º qu'il y aura une guerre civile entre Henri V, les d'Orléans, les républicains et les bonapartistes ; 5º que *Napoléon IV disparaîtra* dans ces événements et que les d'Orléans s'effaceront ; 6º qu'Henri V vaincra la Révolution, montera sur le trône et pacifiera la France. (Portraits prophétiques.)

Tout cela était démontré très-longuement par la quatrains de Nostradamus (Lettres du grand Prophète, *Passim*.

En 1873, les faits ont parlé ; il faut changer Nostradamus d'habit : M. Torné affirme que « Nostradamus a « dit expressément, dans un quatrain fort clair, que « *Napoléon IV serait rappelé* » (Lettre : mort de Napoléon III, p. 19, 25 janvier).

2º En 1871, d'après le grand Prophète, Henri V succédait à Napoléon III (Portraits prophétiques et lettre du grand

Prophète, etc.). En 1874 : « Il est dit (par Nostradamus)
« d'Henri V succédant à Napoléon IV ; la mort subite du
« premier personnage aura changé et mis un autre
« en règne, etc. » (Lettre : le Roy blanc et la fusion,
« p. 72.)

3° En 1872, on n'accepte pas que dans un texte des
Prophéties modernes l'expression « vive Louis » puisse
s'entendre du prince impérial, et on s'exclame (Oh !)
(Alman. 1873, p. 146). Mais la politique ayant tourné,
on trouve en 1874 un quatrain qui contient le mot
« Louis » ; on l'entend du fils de l'ex-empereur, et on
dit : « le prince impérial Louis » (Lettre : le Roy blanc et
la fusion, page 62 et 63).

4° En 1871, l'empire, selon les dires évidents du
grand prophète, devait être *restauré par Napoléon III.*
En 1873, ce n'est plus la même chose (Lettre : mort
de Napoléon III) : on insinue (p. 23) que les quatrains où
il est question de la restauration de l'Empire regardent
bien plus *Napoléon IV* que Napoléon III. Puis, sans ver-
gogne, on dit (même lettre, notes *sur l'épigraphie*) que
« *Napoléon IV accomplira les quatrains qui ont le mot*
« *Mars* » *que son père n'a pas accompli ainsi que l'avait
publié le traducteur* ». M. Torné ne s'occupe plus de ce
qu'il a répété si souvent : « Le grand secret d'interprétation, c'est d'interpréter *du même personnage le
mot caractéristique* interprété ailleurs de lui » *passim*
et Alman. 1873, p. 86). Or Napoléon III, d'après
vous, M. Torné, (au même endroit), étant ailleurs 20 fois
« Mars »... donc, dirait une conclusion logique, « Mars »,
dans les quatrains qui restent, ne peut pas être Napoléon IV. Mais en habile traducteur, vous concluez,

au contraire : donc ces quatrains se rapportent quand même à Napoléon IV. Alors vous détruisez de vos propres mains votre fameuse règle d'interprétation et le prophète en même temps.

5º Vous avez senti la contradiction. Aussi, en 1874, vous imaginez une autre explication (Lettre : le Roy blanc et la fusion, mars 1874, p. 86).

« Plusieurs passages prophétiques (de Nostradamus) nous montrent *Napoléon III gouvernant après sa mort* » (!!!).

Ainsi, de l'autre monde, Napoléon III va accomplir tous les quatrains de « Mars » qu'il n'a pas eu le temps d'accomplir pendant sa vie. Et, par ce moyen, le fameux secret d'interprétation est sauf, Nostradamus toujours grand prophète, et Torné, admirable interprète.

6º En 1872 (Lettre : Henri V à Anvers, 28 février, p. 4). M. Torné écrit : « Nostradamus, dans ses Centuries, le dit (nomme Henri V) : à son retour « à haut et si bas âge » : *jeune vieillesse* ; dans Olivarius : « jeune guerrier » ; dans Orval [1] : « jeune prince ». — Et plus loin : (p. 15 et 16).

---

1. M. Torné prétend avoir démontré que les prophéties d'Olivarius et d'Orval sont réellement de Nostradamus. Il en est persuadé, ses adeptes aussi. Mais ses arguments saugrenus n'ont convaincu aucun critique sérieux.
— Dans son article *Crédulité*, (Univers, 4 avril 1874) après avoir justement traité les *Centuries* de Nostradamus « d'inexterminable mystification », Mʳ Louis Veuillot, mal renseigné, avance une chose tout-à-fait inexacte, quand il qualifie la *prophétie d'Orval* de « niaiserie de 1830,... faite pour Mʳ le comte de Chambord, etc. » qu'il veuille bien lire le chapître IV du 2º volume des *Voix prophétiques* de Mʳ l'abbé Curicque (5º édit. Paris. 1872. Palmé) des témoignages respectables le convaincront que la prophétie d'Orval était connue et *répandue* dès 1790.

«... Dans les prophéties d'Olivarius et d'Orval .. on crie à Henri V : Venez , prince, venez. »

Mais, en 1873, la politique ayant fait des siennes, Nostradamus ne parle plus de la même manière, et M. Torné applique à Napoléon IV la prophétie d'Orval qu'en 1872 il avait interprété d'Henri V (Lettre : Mac-Mahon et Napoléon IV, 5 juin, pag. 16, 17).

« La France, comme brisée en dix par les *divisions*, se rejoint par l'union des conservateurs. Dieu donne la paix aux hommes de bonne volonté. *Venez, jeune prince, quittez l'Angleterre, où la loi d'exil vous retient.* Entendez la mission qui vous est confiée ; unissez le lion de votre parrain Pie IX à la fleur blanche de votre roi Henri V, la montagne de Dieu et le fils de Juda, l'autel au trône, venez... » Dans les quatrains, *Napoléon IV est deux fois* « *le jeune prince* », *comme dans Orval :* une fois, lorsque « les rois armés par le Seigneur » prennent le Rhin, etc.. ; une seconde fois lorsque son pouvoir passe à Henri V.

Et il a l'audace d'ajouter : « On peut voir dans mon interprétation de ces *prophéties* (d'Orval et d'Olivarius), publiées le 10 janvier 1872, un an avant la mort de Napoléon III, que, malgré tout, je parlais du retour de Napoléon IV dans le commentaire même de ces mots : Venez, jeune prince, quittez l'isle de la captivité, venez. » — Vous en parliez si peu que, le 28 février suivant, vous appliquiez ces paroles à Henri V (*V.* plus haut).

7° En 1871, on refuse de tenir secrète l'interprétation d'un fait de minime importance (le quatrain sur la mort de M. de Moneys). « La prophétie de Nostradamus, dit-on, renferme une quantité de faits particuliers qui n'ont pas par eux-mêmes une importance plus considérable.

Il faut, en les retrouvant dans une prophétie véritable...
rechercher le motif qui a porté la bonté infinie à les révéler. Alors on reconnaîtra que tel fait jugé si minime a
une importance égale, sinon supérieure, à celle des
plus grands événements » (Lettres du grand Prophète,
p. 216, 217.)

En 1873, rendu sans doute plus défiant par tant de
rudes échecs dans les grands faits comme dans les événements de « minime importance », M. Torné écrit ceci :
« Affirmez les *grandes perspectives de l'avenir* telles que
Nostradamus les a tracées, mais négligez les détails en ce
qui concerne le temps présent, car le Prophète a voulu
dérouter ses lecteurs, pour préparer l'accomplissement
de cette parole : « Le divin verbe sera du ciel frappé. »

On voit 1° que M. Torné, copié partout le monde et qui
ne copie personne, a profité de la lecture de la *Concordance*, et que les *grands événements*, *les faits principaux*,
« les grandes lignes » des *Prophéties modernes* lui ont
donné l'idée de ses « grandes perspectives » ; 2° que
M. Torné tient toujours à sa ritournelle, et n'a pas d'autres raisons pour expliquer ses « fiasco » et ceux de son
Prophète.

Et voilà ce qu'on appelle les « véritables prophéties » !
Les véritables prévisions de M. Torné ? Oui. Mais les véritables prédictions de Nostradamus ? Assurément non [1].

Je ne blâme point M. Torné de faire des prévisions. Il
peut, comme bien d'autres, pronostiquer juste, et mieux

1. Une preuve de plus que M. Torné fait dire à Nostradamus
tout ce qu'il veut :
Pour donner à son Astrologue un air de prophète assuré de son
inspiration, il commet un contre-sens que ne ferait pas un écolier
de 7e. Cette phrase latine que Nostradamus intercale dans son jar-
gon, « *Possum* NON errare, falli, decipi (Lettre à César). M. Torné

que beaucoup d'autres, à cause de l'attention qu'il met aux choses de la politique. S'il donnait ses intuitions ou ses combinaisons de l'avenir, comme venant de lui, ce qui est en réalité, quoi qu'il en dise, ses écrits seraient acceptables. Il pourrait se contredire et se tromper, sans qu'on dût y trouver à redire ni à s'étonner. Mais je le blâme de vouloir sérieusement nous faire croire et prétendre prouver que tout ce qu'il nous dit se trouve en Nostradamus et a été prédit par lui.

Je condamne et je poursuis ses écrits parce que, par le rôle qu'il y donne à l'astrologue et l'attitude qu'il y prend, ils sont non-seulement absurdes et ridicules, ce qui ne prêterait qu'à rire, mais de plus ils sont dangereux pour les esprits faibles : ce qui est mauvais, parce qu'à cette heure ils sont nombreux en France.

— J'ai dit, dans la *Concordance*, que je désirais être utile à M. Torné, et lui épargner dans l'avenir le regret, poignant pour un prêtre, d'avoir contribué, si peu que ce soit, par ses ouvrages, à retenir ou à entraîner dans l'erreur ne fût-ce qu'une seule âme.

M. Torné peut et doit avoir maintenant ce « poignant regret ». Ses écrits ne sont pas seulement dangereux parce qu'ils pourraient fournir des armes aux rationalistes et aux autres ennemis de la religion ; ils ont déjà servi à l'ennemi de Dieu et des hommes, dans ses desseins contre les âmes.

la traduit ainsi : *je ne puis errer, me tromper, être trompé* ; comme s'il y avait NON *possum.* (Lettre. *La Salette et Lourdes.*)

En bon latin cette phrase veut dire et en français se traduit : je puis ne pas errer, n'être pas tompé, abusé ; il est possible que je n'erre pas, que je ne sois pas trompé, abusé. Ce n'est plus évidemment la même idée. Peut-être que dans le latin de Nostradamus et de M. Torné la négation agit à reculons ?...

Je sais une noble et chrétienne famille, plongée
dans la douleur depuis qu'un de ses membres, autrefois très-bon chrétien, a eu le malheur d'ouvrir les
livres de M. Torné. Dans ces livres, cet homme a puisé
d'abord une confiance sans borne en Nostradamus et
en son commentateur. Il a appris le procédé d'interprétation ; il s'est mis à l'appliquer et, le diable aidant,
il trouve à son tour tout ce qu'il veut en Nostradamus.
A ce bel exercice, cette tête faible n'a pas tardé de
perdre le sens commun — il en avait peu en réserve ,
assurément ; — mais ce qui est le plus déplorable , *il
y a perdu aussi complétement la pratique religieuse et
la foi.*

« Courbé depuis sept ans, m'écrit-on[1], sur les énigmes
« de Nostradamus et leur sotte interprétation, il met
« un acharnement sans pareil *à vouloir prouver, les
« quatrains de Nostradamus en main et avec les œuvres
« de l'interprète infaillible, M. Torné, dont il se dit le
« disciple,* que le Pape tombera dans l'erreur, qu'il y
« est tombé déjà deux fois : en se faisant proclamer
« infaillible dans un concile d'ostentation, qui sera
« réformé par un autre concile ; en insultant la sainte
« Vierge et en faisant remonter son insulte jusqu'à
« Notre-Seigneur, dans une définition erronée. de
« l'Immaculée Conception, qui sera définie de nouveau.
« On publie aussi qu'en punition de ses fautes comme
« Pape, Pie IX périra par le supplice de la croix. Toute
« l'Eglise a besoin de réforme ; elle sera réformée ;
« avant dix ans, les prêtres se marieront. En attendant,

---

1. Cette correspondance date etc., comme à la page 166 etc.

« il est impossible de pratiquer ses devoirs religieux,
« etc.; etc. »

On trouve de belles choses en Nostradamus, par le
procédé Torné !!!

Dans une autre lettre, on me rapporte ceci :

« Le même personnage est persuadé que les prophé-
« ties de Nostradamus seront mises au nombre des li-
« vres canoniques ; que Nostradamus sera proclamé sous
« un autre Pape le plus grand des prophètes ; s'il n'a pas
« fait de miracles jusque-là, parce que Dieu ne voulait
« pas qu'il fût connu plus tôt, il en fera et sera placé sur
« les autels. Tout s'inclinera devant la gloire de Nostra-
« damus qui a appelé M. l'abbé Torné par son nom 300
« ans d'avance. Ses prophéties et la mission de M. Torné
« sont quelque chose d'aussi divin, d'aussi adorable
« que le mystère de l'Eucharistie (!!!) »

.... « Que pensez-vous, Monsieur le curé, me dit-on
« encore, d'un homme de 45 ans qui, avant de con-
« naître les écrits de M. Torné, pratiquait ses devoirs
« de chrétien, et qui aujourd'hui sait en faire bon mar-
« ché, au point de s'abstenir d'assister à la messe le
« dimanche, même le jour de Noël, parce qu'un curé a
« trouvé bon de donner en chaire une interprétation
« d'un chapitre de l'Apocalypse différente de celle de
« M. Torné! »

Je pense que ce pauvre homme est devenu fou. Quel
résultat avantageux et « flatteur » produisent les livres
de M. Torné !

D'après ces mêmes lettres, ce personnage n'est
malheureusement pas le seul dans des idées si absurdes
et si impies. Il se serait formé comme *une espèce de secte.*

On fait une propagande effrénée dans ce sens détestable et en l'honneur de Nostradamus et de son interprète. Tout ceci explique et justifie mon insistance à revenir et à frapper sur leurs écrits.

Je suis loin de vouloir dire que M. Torné partage de telles erreurs et trempe en ces coupables manœuvres. Je l'en crois incapable et je suis convaincu du contraire. Mais il est nécessaire que l'on connaisse, et que lui-même sache, quels tristes fruits, à son insu sans doute et contre son but, les autres peuvent faire venir et font venir des arbres qu'il plante.

Il était grand temps que l'autorité d'un évêque flagellât tous ces livres ridicules et pernicieux.

Il est temps aussi que je m'arrête : j'en ai d'ailleurs assez du Nostradamus et de son traducteur. Ma tâche est finie : je ne m'occuperai plus d'eux désormais. Du reste, ils sont morts et bien morts l'un et l'autre : le coup de massue d'Orléans les a tués.

Le verbiage bruyant de tous ces commentateurs, plus ou moins prophétisés, de l'astrologue a nui à l'attention que méritaient les *Prophéties modernes*. Mais leur imagination et leurs sottises passeront, et ce qu'il y a de sérieux et de « bon » dans les prophéties modernes, sagement étudiées, demeurera [1].

1. Je n'ai pas cru nécessaire de démontrer en son lieu (p. 18 et 20) la vérité de cette proposition : « À toutes les époques de tourmente religieuse ou politique, beaucoup de prophéties ont été publiées et plusieurs se sont accomplies ». Je pense que mes lecteurs n'ont pas oublié la parole de Mr de Maistre : « Jamais il n'y eût dans le monde de grand événement qui n'ait été prédit de quelque manière. » (Soirées de Saint-Pétersbourg, 11e entretien et note 4e.) Cette assertion est une vérité historique.

TABLE DES MATIÈRES.

POITIERS. — TYPOGRAPHIE DE HENRI OUDIN.

www.ingramcontent.com/pod-product-compliance
Lightning Source LLC
Chambersburg PA
CBHW072054080426
42733CB00010B/2116